BASISWISSEN VERTRAGSARZTRECHT

EINE ÜBERSICHT ÜBER DIE STRUKTUREN, BEGRIFFE

UND ZUSAMMENHÄNGE

1. AUFLAGE

Bibliografische Information der Deutschen Nationalbibliothek:

Die Deutsche Nationalbibliothek verzeichnet diese Publikation in der

Deutschen Nationalbibliografie; detaillierte bibliografische Daten sind

im Internet über http://dnb.dnb.de abrufbar.

© 2019 Henning Müller

Herstellung und Verlag:

BoD – Books on Demand, Norderstedt

ISBN: 9783748126669

Inhalt

A. Grundlagen / Das Sachleistungsprinzip der Gesetzlichen Krankenversicherung

Aus dem Sachleistungsprinzip der Gesetzlichen Krankenversicherung ergeben sich Besonderheiten im Rechtsverhältnis des Patienten zu seinem Arzt.

Aufgrund des **Sachleistungsprinzip**s gem. § 2 Abs. 2 SGB V entsteht in der gesetzlichen Krankenversicherung ein **Dreiecksverhältnis** zwischen dem Versicherten (dem Patienten), dem Leistungserbringer (z.B. dem Vertragsarzt oder dem Krankenhaus) und der Krankenkasse. Das Behandlungsverhältnis basiert als Rechtsgrund auf einem privatrechtlichen Vertrag in Form eines Dienstvertrags, teilweise mit werkvertraglichen Elementen (v.a. hinsichtlich der Gewährleistung). Das Abrechnungsverhältnis ist demgegenüber bei einer Behandlung eines Kassenpatienten im Sachleistungssystem öffentlich-rechtlich und besteht zwischen dem (vertraglichen) Leistungserbringer und der Krankenkasse. Ein Vergütungsanspruch des Leistungserbringers gegen den

Versicherten besteht grundsätzlich nicht. Ein zivilrechtlicher Vertrag des Leistungserbringers mit dem Versicherten mit dem Inhalt eines Vergütungsanspruchs gegen den Versicherten kommt im Sachleistungssystem weder ausdrücklich noch konkludent zu Stande, denn beide Beteiligte gehen von einem Vergütungsanspruch gegen die Krankenkasse aus. Auch quasivertragliche und gesetzliche Anspruchsgrundlagen für einen Anspruch des Leistungserbringers gegen den Versicherten sind im Sachleistungssystem nicht einschlägig. Weder aus Geschäftsführung ohne Auftrag, § 683 BGB, noch aus ungerechtfertigter Bereicherung, §§ 812 ff. BGB, lässt sich ein Anspruch konstruieren. Eine Leistung mit der gleichzeitigen Verpflichtung, die entstehenden Kosten selbst zu tragen, entspricht regelmäßig weder dem wirklichen oder mutmaßlichen Willen des Versicherten noch seinem Interesse. Bereits daran scheitert ein Anspruch aus § 683 BGB. Ein Bereicherungsanspruch nach § 812 Abs. 1 Satz 1, 1. Variante BGB ist deshalb nicht gegeben, weil zwischen dem Versicherten und dem Leistungserbringer in Bezug auf die Behandlung kein Leistungsverhältnis besteht. Im Mehrpersonenverhältnis ist Leistender derjenige, der aus Sicht eines verständigen

Empfängers die Leistung gewährt. Dies ist aus Sicht des Versicherten die Krankenkasse, denn sie schuldet ihm die Krankenbehandlung mit einer ausreichenden medizinischen Leistung. Ein etwaiger Bereicherungsausgleich müsste sich daher nicht zwischen dem Leistungserbringer und dem Versicherten, sondern zwischen dem Leistungserbringer und der Krankenkasse vollziehen. Ein Vergütungsanspruch des Leistungserbringers gegen den Versicherten besteht grundsätzlich nur, wenn er sich Leistungen außerhalb des Sachleistungssystems verschafft, vgl. § 13 SGB V.

B. „Beziehungsviereck" für die vertragsärztliche Vergütung

Die dem Versicherten von seiner Krankenkasse geschuldeten Leistungen darf die Krankenkasse nicht selbst erbringen. Sie bedient sich hierfür approbierter Ärzten, die damit eine besondere Schlüsselstellung im Gesundheitssystem einnehmen. Die **Ärzte** werden freiberuflich und regelmäßig selbständig tätig. Die Krankenkassen schließen hierzu gem. § 2 Abs. 2 Satz 3 SGB V Verträge mit den Leistungserbringern, insbesondere also der Ärzteschaft.

In der Art und Weise der vertraglichen Beziehung zu den Krankenkassen besteht für die ärztliche Versorgung eine Besonderheit im Vergleich zum sonstigen Leistungserbringerrecht: Ärzte werden mit ihrer Zulassung zur Versorgung von Mitgliedern der Gesetzlichen Krankenversicherung (Vertragsarzt) Mitglied einer **Kassenärztlichen Vereinigung** (KV), § 95 Abs. 3 SGB V. Die Kassenärztlichen Vereinigungen ihrerseits werden Vertragspartner der Krankenkassen, §§ 82 ff. SGB V. Nur ausnahmsweise bestehen unmittelbare vertragliche Beziehungen zwischen Krankenkassen und Ärzten.[1] Es handelt sich damit um ein Beziehungsviereck, in dessen Rahmen die Leistungserbringung und die Vergütung abgewickelt wird:

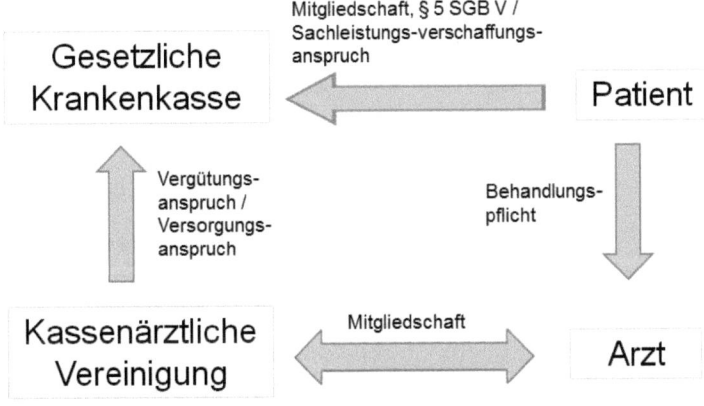

---
[1] Vgl. §§ 140a ff., 73b oder 73c SGB V.

C. Kassenärztliche Vereinigungen

§ 77 Abs. 1 SGB V sieht vor, dass auf dem Gebiet jedes Landes[2] durch die Vertragsärzte gebildet werden. Die Kassenärztlichen Vereinigungen bilden wiederum die Kassenärztliche Bundesvereinigung.

Gem. § 77 Abs. 5 SGB V sind die Kassenärztlichen Vereinigung und die Kassenärztliche Bundesvereinigung Körperschaften des öffentlichen Rechts. Selbstverwaltungsorgan der Kassenärztlichen Vereinigung ist ihre **Vertreterversammlung**, § 79 Abs. 2 SGB V, die insbesondere Satzung der Kassenärztlichen Vereinigung erlässt. Zudem entscheidet die Vertreterversammlung in grundlegenden Angelegenheiten, überwacht den Vorstand und verabschiedet die Haushaltspläne, § 79 Abs. 3 SGB V. Ein **hauptamtlicher Vorstand** verwaltet die laufenden Geschäfte, § 79 Abs. 5 SGB V. Hierzu gehört insbesondere die außergerichtliche und gerichtliche Vertretung der Kassenärztlichen Vereinigung. Die Zusammensetzung des Vorstands ergibt sich aus § 79 Abs. 4 SGB V. Wird ein Arzt

---

[2] Besonderheit NRW: Dort bestehen zwei KVen: Nordrhein und Westfalen-Lippe.

in den hauptamtlichen Vorstand gewählt, kann er eine ärztliche Tätigkeit als Nebentätigkeit in begrenztem Umfang weiterführen oder seine Zulassung ruhen lassen. Die Amtszeit beträgt regelmäßig sechs Jahre.

I. Sicherstellungsauftrag

Die Kassenärztlichen Vereinigungen haben die **Aufgabe**, die (vertrags)ärztliche Versorgung der Mitglieder der Gesetzlichen Krankenversicherung sicherzustellen (**Sicherstellungsauftrag**), §§ 72, 75 SGB V. Hierzu zählt auch, dass inhaltlich die vertragsärztliche Leistung den gesetzlichen und vertraglichen Anforderungen entspricht. Der Sicherstellungsauftrag umfasst die Gewährleistung einer bedarfsgerechten und gleichmäßigen und wohnortnahen ärztlichen Versorgung. Die Kassenärztliche Vereinigung hat ferner gem. § 75 Abs. 1 Satz 2 SGB V einen Notdienst zu organisieren.

II. Wirtschaftlichkeitsgebot

Zu den gesetzlich Anforderungen der vertragsärztlichen Leistung gehört insbesondere, dass diese dem krankenversicherungsrechtlichen **Wirtschaftlichkeitsgebot** entsprechen muss. § 12 SGB V formt mit drei selbstständigen Regelungen das sog. Wirtschaftlichkeitsgebot näher aus. § 12 Abs. 1 SGB V konkretisiert § 2 Abs. 1 und Abs. 4 SGB V als Grundnorm des Leistungsrechts der Gesetzlichen Krankenversicherung und stellt in Form unbestimmter Rechtsbegriffe sowohl ein Leistungsminimum, als auch ein Leistungsmaximum und sachliche Leistungsanforderungen auf. Die (oft auch medizinisch umstrittene) Ausfüllung dieser unbestimmten Rechtsbegriffe prägt die Mehrzahl der sozialgerichtlichen Rechtsstreitigkeiten im Leistungsrecht, die im Spannungsfeld vom Wunsch des Versicherten nach der optimalen medizinischen Versorgung und der Wirtschaftlichkeit der Leistungserbringung zu Lasten der Gesetzlichen Krankenversicherung ausgetragen werden. § 12 Abs. 2 SGB V stellt die Grundnorm für die speziellen Festbetragsregelungen der folgenden Abschnitte dar. Diese Vorschrift schränkt den dem Versicherten eigentlich zustehenden minimalen Leistungsumfang unter Umständen ein. § 12 Abs. 3 SGB V ist eine Norm des Aufsichtsrechts. Sie dient nicht etwa als neben den §§ 823 ff., 839 BGB stehende Anspruchsgrundlage für die Inanspruchnahme eines Vorstandsmitglieds, sondern verpflichtet die Aufsichtsbehörde, entgegen dem sonst im Aufsichtsrecht geltenden Opportunitätsprinzip, den Verwaltungsrat zu einem Einschreiten zu veranlassen.

In § 12 Abs. 1 SGB V spiegeln sich die gegensätzlichen Interessen des individuellen Versicherten und der Solidargemeinschaft der Beitragszahler wieder. Der Versicherte kann seine Rechtsposition aus dem **Grundrecht auf Leben und körperliche Unversehrtheit** aus Art. 2 Abs. 2 Satz 1 GG sowie der allgemeinen Handlungsfreiheit gem. Art. 2 Abs. 1 GG ableiten, obschon er hieraus grundsätzlich keinen unmittelbaren Leistungsanspruch erhält, weil die Grundrechte in erster Linie Abwehrrechte darstellen. Die Leistungsvorschriften des SGB V sind aber im Lichte dieser Grundrechte anzuwenden. Die gegenläufige Rechtsposition der Solidargemeinschaft stellt jedoch ebenfalls eine Gemeinwohlaufgabe von hohem Rang dar. Die Beachtung des Wirtschaftlichkeitsgebots dient dem Erhalt der Funktionstüchtigkeit und der Finanzierbarkeit des Systems der Gesetzlichen Krankenversicherung. Daher ist die Begrenzung des individuellen Leistungsanspruchs des Versicherten im Sinne des Wirtschaftlichkeitsgebots verfassungsrechtlich nicht zu beanstanden. Gerade mit seinem sog. "Nikolausbeschluss" (BVerfG, 06.12.2005 - 1 BvR 347/98) hat das Bundesverfassungsgericht aber die Bedeutung der Grundrechte im Recht der Gesetzlichen Krankenversicherung wieder in den Blickpunkt der Öffentlichkeit gebracht und damit auch mit neuer Vehemenz in die Argumentation der Versicherten in Verwaltungs- und Gerichtsverfahren eingeführt.

§ 12 Abs. 1 SGB V löst diesen Interessenkonflikt indem sie die Voraussetzungen an eine **Mindestversorgung** ("ausreichend") und die **Maximalversorgung** ("notwendig") definiert. Die Gesetzliche Krankenversicherung schuldet damit im Versicherungsfall die "Basisversorgung", nicht aber die optimale oder komfortabelste Versorgung. Neben diesen Grenzen des Leistungsanspruchs werden zudem inhaltliche Anforderungen an die Leistung gestellt: Sie hat "zweckmäßig" zu sein und beim Vorliegen von Behandlungsalternativen ist die "wirtschaftlichere" Leistung im Sinne einer Kosten-Nutzen-Analyse zu wählen. Die verwendeten Kriterien "ausreichend", "zweckmäßig", "wirtschaftlich" und "notwendig" sind unbestimmte Rechtsbegriffe. Sie sind gerichtlich vollumfänglich überprüfbar. Die Krankenkassen haben insoweit weder ein

Ermessen noch einen Beurteilungsspielraum. Eine Entscheidung der Krankenkasse ist nur dann rechtmäßig, wenn sie allen vier Kriterien kumulativ genügt.

Adressat der Vorschrift sind nicht nur die Krankenkasse, sondern alle Beteiligten am Dreieck des krankenversicherungsrechtlichen Versorgungssystems, also auch der Leistungserbringer, d.h. vor allem die Vertragsärzte, und der Versicherte. Nach überwiegender Auffassung schließt diese Verpflichtung aber nicht aus, dass der Versicherte im Rahmen des Sachleistungsprinzips aufwendigere - d.h. regelmäßig komfortablere oder sogar überschießende - Leistung wählen kann, dann aber die **Mehrkosten** tragen muss (bspw. ein Zweibettzimmer bei einer stationären Behandlung oder ein den Festbetrag übersteigendes Hilfsmittel). Zu beachten ist hierbei jedoch, dass er dennoch auf die Inanspruchnahme des Sachleistungsprinzips verwiesen ist. Abseits der in § 13 Abs. 2 und Abs. 3 SGB V zugelassenen Ausnahmen, kann sich der Versicherte zur Erlangung der gewünschten Behandlung nicht vollständig in den außervertraglichen Versorgungsbereich begeben und dann von seiner Krankenkasse eine Teilkostenerstattung für die nicht das

Maß des Notwendigen übersteigenden Behandlungsteile verlangen, da dies aufgrund des Honorar- und Beschaffungssystems der Gesetzlichen Krankenversicherung zu erheblichen Mehrkosten für die Solidargemeinschaft führen würde.

Die **Leistungserbringer** sind durch die spezielle Regelung des§ 70 Abs. 1 Satz 1 SGB V an die Grundsätze des **Wirtschaftlichkeitsprinzip**s gebunden. Für die Vertragsärzte ist dies in § 72 Abs. 2 SGB V wiederholend normiert. Die hierdurch herbeigeführte Einschränkung der vertragsärztlichen Therapiefreiheit ist aufgrund der Schlüsselstellung der Vertragsärzte im Sachleistungsprinzip zur Sicherung der Finanzierbarkeit des Systems hinzunehmen. Es handelt sich insoweit um eine verfassungsrechtlich unbedenkliche Berufsausübungsregelung. Überwacht wird die Einhaltung des Wirtschaftlichkeitsprinzips durch Wirtschaftlichkeitsprüfungen gem. § 106 SGB V, in deren Folge bei wiederholten Verstößen Disziplinarmaßnahmen verhängt werden können. Das Gesetz sieht hierzu in § 106 Abs. 2 Satz 1 Nr. 1 und Nr. 2 SGB V eine Auffälligkeitsprüfung in Form der Richtgrößenprüfung und eine Zufälligkeitsprüfung in Form der Stichprobenprüfung als Regelprüfmethoden vor. Gem. § 106 Abs. 2 Satz 4 SGB V sind aber abweichend vereinbarte Prüfmethoden, insbesondere die traditionelle Vergleichsprüfung aufgrund statistischer Erhebung, zulässig. Aus Gründen der Verwaltungsökonomie wird nur ausnahmsweise eine Einzelfallprüfung anhand der einzelnen Tatbestandsmerkmale des § 12 SGB V durchgeführt.

1. Ausreichende Versorgung

Die "ausreichende" Versorgung kennzeichnet den **Mindeststandard** der Leistungserbringung. Dieser garantiert Leistungen, die nach Art, Umfang und Qualität hinreichende Chancen für den Leistungszweck (bspw. die Heilung) bieten. Eine Schranke findet dieser Mindeststandard in der Qualitätssicherung, insbesondere durch den Gemeinsamen Bundesausschuss. Verlangt werden kann nur die Versorgung, die nach Qualität und Wirksamkeit dem allgemein anerkannten Stand der medizinischen Erkenntnisse entspricht, § 2 Abs. 1 Satz 3 SGB V. Nochmals eingeschränkt wird dieses Leistungsminimum zum einen durch die auf § 12 Abs. 2 SGB V basierenden Festbetragsleistungen (siehe unten). Zum anderen kann sich der Versicherte dort nicht auf die "ausreichende" Leistungserbringung nach § 12 SGB V berufen, wo das Gesetz selbst den Leistungsumfang spezieller normiert, wie das beim Krankengeld in § 47 SGB Vder Fall ist. Für Hilfsmittel ist nach der "C-Leg-Rechtsprechung" des BSG darauf abzustellen, ob der Behinderungsausgleich mittelbar oder unmittelbar ist

2. Notwendige Versorgung

"Notwendig" ist eine Leistung, die zur Erreichung des **Leistungszweck**s nach Art, Umfang und Qualität unentbehrlich ist. Der Begriff der Notwendigkeit begrenzt den Leistungsanspruch des Versicherten daher nach oben. Die notwendige Leistung ist die Maximalleistung. Die logische Konsequenz dieser Begrenzung ist, dass die Krankenkasse nicht zwingend die Optimalversorgung schuldet, es sei denn, diese wäre notwendig (z.B. weil Behandlungsalternativen nicht existieren).

Zur Feststellung der Notwendigkeit muss der Leistungszweck ermittelt werden. Dieser kann gem. § 11 Abs. 1, 2 i.V.m. § 27 Satz 1 SGB V vor allem in der Erkennung einer Erkrankung, ihrer Heilung, der Verhütung

ihrer Verschlimmerung oder der Linderung ihrer Folgen
bestehen.

Der Anspruch auf Ausgleich behinderungsbedingter
Funktionseinbußen durch Hilfsmittel beschränkt sich
grundsätzlich auf die elementaren **Grundbedürfnisse** des
täglichen Lebens, d.h. die allgemeinen Verrichtungen wie
Gehen, Stehen, Greifen, Sehen, Hören, Nahrungsaufnahme,
Ausscheiden, elementare Körperpflege, selbstständiges
Wohnen, die Erschließung eines gewissen körperlichen und
geistigen Freiraums, die auch die Aufnahme von
Informationen, die Kommunikation sowie das Erlernen
eines lebensnotwendigen Grundwissens umfasst. Ein
Anspruch auf den Ausgleich allgemeiner gesellschaftlicher,
beruflicher oder sonstiger privater Nachteile besteht gegen
die Krankenkasse nicht und kann bei vorliegender sonstiger
Voraussetzungen nur gegen andere
Sozialversicherungsträger, zum Beispiel die Gesetzliche
Rentenversicherung, realisiert werden.

In seiner "**C-Leg-Rechtsprechung**" hat das BSG aber
nunmehr mehrfach klargestellt, dass diese
Einschränkungen nur bei einem lediglich **mittelbaren**

Behinderungsausgleich durch das Hilfsmittel gelten, wie dies bspw. bei einem Rollstuhl der Fall ist. Soll mit einem Hilfsmittel der Ausgleich der Behinderung erfolgen soll, indem bspw. die nicht vorhandenen oder funktionsunfähigen Gliedmaßen künstlich ersetzt werden, wird von einem **unmittelbaren Behinderungsausgleich** gesprochen. Im Vordergrund steht dann der Ausgleich der ausgefallenen oder beeinträchtigten Körperfunktion selbst. Bei diesem unmittelbaren Behinderungsausgleich gilt das Gebot eines möglichst weitgehenden Ausgleichs des Funktionsdefizits, und zwar unter Berücksichtigung des aktuellen Stands des medizinischen und technischen Fortschritts. Die gesonderte Prüfung, ob ein allgemeines Grundbedürfnis des täglichen Lebens betroffen ist, entfällt, weil sich die unmittelbar auszugleichende Funktionsbeeinträchtigung selbst immer schon auf ein Grundbedürfnis bezieht; die Erhaltung bzw. Wiederherstellung einer Körperfunktion ist als solche ein Grundbedürfnis. Dabei kann die Versorgung mit einem fortschrittlichen, technisch weiterentwickelten aber teureren Hilfsmittel nicht mit der Begründung abgelehnt werden, der bisher erreichte Versorgungsstandard sei ausreichend, solange ein Ausgleich der Behinderung nicht vollständig im Sinne des Gleichziehens mit einem nicht behinderten Menschen erreicht ist. Die Wirtschaftlichkeit eines dem unmittelbaren Behinderungsausgleich dienenden Hilfsmittels ist grundsätzlich zu unterstellen und erst zu prüfen, wenn zwei tatsächlich gleichwertige, aber unterschiedlich teure Hilfsmittel zur Wahl stehen (vgl. BSG, 25.06.2009 - B 3 KR 2/08 R).

3. Zweckmäßig Versorgung

Zweckmäßig ist im Grundsatz jede **geeignete Versorgung**. Die Geeignetheit muss dabei in Relation zu den in § 11 Abs. 1, 2 i.V.m. § 27 Satz 1 SGB V festgestellt werden. Zweckwidrig ist damit jede Versorgung, die nicht zur Erreichung der dort genannten Ziele führen kann. Die so verstandene Zweckmäßigkeit muss regelmäßig - notfalls gutachterlich - für den konkreten Fall festgestellt werden. Auf die lediglich generelle Zweckmäßigkeit kommt es hingegen im Regelfall nicht an; auch nicht, wenn es um hergebrachte Untersuchungs- oder Behandlungsmethoden geht, die bisher nicht Gegenstand einer Überprüfung des Gemeinsamen Bundesausschusses gem. § 135 Abs. 1 Satz 2 SGB V waren, da § 135 Abs. 1 Satz 2 i.V.m. Satz 1 SGB V für hergebrachte Methoden nur eine Rechtsfolge für den Fall der Durchführung einer Überprüfung vorsieht, nicht hingegen, wenn der Gemeinsame Bundesausschuss bisher von einer Überprüfung abgesehen hat.

Für **neue Untersuchungs- und Behandlungsmethoden** ersetzt das generelle Überprüfungsverfahren gem. § 135 Abs. 1 SGB V die konkrete Eignungsprüfung des § 12 Abs. 1 SGB V. § 135 Abs. 1 SGB Vstellt ein Verbot mit Erlaubnisvorbehalt für neue Untersuchungs- und Behandlungsmethoden auf, bis der Gemeinsame Bundesausschuss in einer Richtlinie (Methoden der vertragsärztlichen Versorgung, früher BUB-Richtlinie) eine Empfehlung zugunsten der Methode abgegeben hat. Dieses Verbot ist gem. § 91 Abs. 6 SGB V nicht nur im Leistungserbringungsrecht, d.h. insbesondere im Verhältnis Krankenkasse zum Vertragsarzt, (vgl. § 92 Abs. 8 i.V.m. § 82 Abs. 1 Satz 2 SGB V), sondern auch gegenüber dem Versicherten verbindlich. Ob die allgemeine Vorschrift des § 91 Abs. 6 SGB V dem Parlamentsvorbehalt genügt, um die Verbindlichkeit gegenüber dem Versicherten für alle Richtlinien des Gemeinsamen Bundesausschusses zu bewirken, ist nicht höchstrichterlich geklärt, jedoch ist aufgrund des Zusammenspiels dieser Vorschrift mit § 135

SGB V für neue Untersuchungs- und Behandlungsmethoden die Verbindlichkeit allgemein anerkannt.

III. Bedarfsplanung

Die Kassenärztlichen Vereinigung haben ferner die Aufgabe, die Bedarfsplanung gem. §§ 100 ff. SGB V durchzuführen. Diese dient der Vorbeugung einer **Über- oder Unterversorgung** der Bevölkerung mit ärztlichen Leistungen.[3]

IV. (Pflicht-)Mitgliedschaft

Alle im Rahmen der vertragsärztlichen Versorgung tätigen Ärzte sind **(Pflicht-)Mitglied** einer Kassenärztlichen Vereinigung. Dies betrifft insbesondere niedergelassene Ärzte. Hinzu kommen gem. § 95 Abs. 1 Satz 2 SGB V Ärzte, die als Angestellte eines Medizinischen Versorgungszentrums (MVZ) an der vertragsärztlichen Versorgung teilnehmen und gem. § 116 SGB V ermächtigte Krankenhausärzte. Die Mitgliedschaft besteht gem. § 77 Abs. 3 SGB V in der für den Arztsitz zuständige Kassenärztlichen Vereinigung.

---

[3] Siehe im Einzelnen unten E IV.

Die Pflichtmitgliedschaft ist **verfassungsgemäß**. Es handelt sich zwar in einen Eingriff in die allgemeine Handlungsfreiheit gem. Art. 2 Abs. 1 GG. Dieser ist allerdings verfassungsrechtlich gerechtfertigt, weil nur über die (flächendeckende) Mitgliedschaft die Kassenärztliche Vereinigung ihrer Überwachungs- und Disziplinarfunktion effektiv und gleichmäßig nachkommen kann, denn nur Mitglieder sind von der aufgrund Satzung erfolgenden Regelungsbefugnis erfasst. Dies gilt insbesondere für den Aspekt der Bedarfsplanung.

D. Verhältnis zu den Krankenkassen

Die Besonderheit des „**Beziehungsvierecks**" in der vertragsärztlichen Versorgung ist, dass die (einzelnen) Krankenkassen zum Zwecke ihrer (Sach-)Leistungserbringung grundsätzlich Verträge nicht direkt mit den Vertragsärzten als Leistungserbringern abschließen, sondern jeweils deren Verbände die Verträge schließen (sog. **Kollektivverträge**). Die Kollektivverträge binden aber aufgrund der sog. Erstreckungsregeln des SGB V nicht nur die Vertragsparteien, sondern auch die einzelnen Krankenkassen und den einzelnen Arzt, vgl. § 83 SGB V. Die Kollektivverträge erlangen hierdurch eine Normqualität.

I.   Bundesmantelvertrag, § 82 Abs. 1 SGB V

Fundament der Kollektivverträge ist der Bundesmantelvertrag gem. § 82 Abs. 1 SGB V. Er wird zwischen der Kassenärztlichen Bundesvereinigung und dem Spitzenverband Bund der Krankenkassen (§ 271a SGB V) geschlossen. Er regelt **bundeseinheitliche Vorgaben** für die

Gesamtverträge, die jeweils mit Kassenärztlichen Vereinigungen geschlossen werden. Vor allem macht der Bundesmantelvertrag **folgende Vorgaben**:

- Regelung des einheitlichen Bewertungsmaßstabs (**EBM**), § 87 Abs. 1 Satz 1 SGB V,

- Regelungen zur **Behandlungspflicht** der Ärzte, zum **Verfahren** bei Zuzahlungen, zur Krankenversicherungskarte, zum Abrechnungsverfahren, zum Schutz der Patientendaten, zu Details von Vordrucken oder Formularen; § 87 Abs. 1 Satz 2 SGB V,

- **Qualitätssicherungsregelungen**; Fachkundenachweise, Vorgaben zur Praxisausstattung und zur Qualitätssicherung, vgl. § 135 Abs. 2 SGB V,

- Ferner werden die **Richtlinien des Gemeinsamen Bundesausschusses** gem. § 92 Abs. 8 SGB V Bestandteil des Bundesmantelvertrags.

II. Gesamtverträge, § 83 SGB V

Gem. § 83 SGB V schließen die Kassenärztlichen Vereinigungen mit den **für ihren Bezirk** zuständigen

Landesverbänden der Krankenkassen und den Ersatzkassen Gesamtverträge über die vertragsärztliche Versorgung der Mitglieder mit Wohnort in ihrem Bezirk einschließlich der mitversicherten Familienangehörigen; die Landesverbände der Krankenkassen schließen die Gesamtverträge mit Wirkung für die Krankenkassen der jeweiligen Kassenart. Inhaltlich konkretisieren die Gesamtverträge den Bundesmantelvertrag für die einzelnen Bezirke der Kassenärztlichen Vereinigungen; gleichzeitig wird der Bundesmantelvertrag gem. § 82 Abs. 1 Satz 2 SGB V ihr Bestandteil, um die Vertragsparteien der Gesamtverträge unmittelbar zu binden.

Die Gesamtverträge **regeln insbesondere**:

- das **Vergütungssystem**, §§ 85 Abs. 2 Satz 1, 87a SGB V,

- die Einbeziehung von **Vorsorge- und Rehabilitationsleistungen** in die ärztliche Versorgung, § 73 Abs. 3 SGB V.

III. Strukturverträge, § 73a SGB V

Bei den Strukturverträgen gem. § 73a SGB V handelt es sich um Bestandteile der Gesamtverträge, die von den Kassenärztlichen Vereinigungen **freiwillig** mit den Landesverbänden der Krankenkassen abgeschlossen werden können. Inhaltlich behandeln sie **neue Versorgungs- und Vergütungsstrukturen**, bspw. für ambulante Operationen oder die Zusammenarbeit und Vernetzung von Arztpraxen. Sie dienen damit der Steigerung der Versorgungsqualität oder der Kostenoptimierung.

IV. Einzelverträge

Neben die Kollektivverträge treten ausnahmsweise Einzelverträge (Direktverträge, Selektivverträge). Hierbei handelt es sich um Verträge zwischen einzelnen Krankenkassen und **einzelnen Leistungserbringern**. Erstreckungsvorschriften wie bei den Kollektivverträgen existieren nicht, so dass nur die jeweiligen Vertragsparteien gebunden werden. Aufgrund der Einzelverträge können Leistungen außerhalb des Systems der Gesamtvergütung erbracht werden:

- **§ 73b Abs. 2 Satz 1 SGB V - hausarztzentrierte Versorgung:** Krankenkassen müssen ihren Versicherten eine besondere hausärztliche Versorgung anbieten. Hierzu können einzelne oder mehrere Krankenkassen gemeinsam mit Ärzten, die gem. § 73 Abs. 1a SGB V an der hausärztlichen Versorgung teilnehmen (Allgemeinärzten, Kinderärzten, Internisten ohne Schwerpunktbezeichnung oder praktischen Ärzten nach Landesrecht), MVZen o.ä. oder gesondert ermächtigten Kassenärztlichen Vereinigungen Verträge schließen. Gegenstand der Verträge ist die Versorgungsform gem. § 73b Abs. 3 SGB V, die von den Krankenkassen als Wahltarif gem. § 53 Abs. 3 SGB V zur Verfügung gestellt wird: Versicherte können dann grundsätzlich fachärztliche Leistungen erst nach Überweisung durch den Hausarzt in Anspruch nehmen. Im Gegenzug gewährt die Krankenkasse dem teilnehmenden Versicherten einen finanziellen Anreiz.

- **§ 73c SGB V – besondere ambulante ärztliche Versorgung:**

  Ähnlich, aber weitgehender als die hausarztzentrierte Versorgung gestattet § 73c SGB V Einzelverträge mit Ärzten oder ganzen Kassenärztlichen Vereinigungen über die Regelversorgung hinausgehende Leistungen für bestimmte Krankheitsbilder oder für die medizinische Versorgung einer Region anzubieten. Aus Sicht des Versicherten handelt es sich auch insoweit um einen Wahltarif, der freiwillig abgeschlossen wird. Beispiele sind besondere Dialyseangebote oder spezielle Prohpylaxe-Angebote.

- **§§ 140a ff. SGB V – integrierte Versorgung:**

  Unter integrierter Versorgung ist eine besondere Vernetzung ambulanter und stationärer Leistungserbringer sowie der Rehabilitation zu verstehen. Es handelt sich um eine sektorübergreifende, interdisziplinäre Kooperation mit aufeinander abgestimmten Behandlungsverläufen. Geeignet ist die integrierte

Versorgung für komplexe Krankheitsbildern, die typischerweise mehrere Leistungserbringer erfordern. Beispiele sind Herz-Kreislauf-Erkrankungen, psychische Erkrankungen oder Bandscheibenleiden. § 140b SGB V zählt die möglichen Vertragspartner abschließend auf, weshalb Verträge der integrierten Versorgung mit ganzen Kassenärztlichen Vereinigungen ausgeschlossen sind. Die integrierte Versorgung ist mithin nicht Teil des Sicherstellungsauftrags der Kassenärztlichen Vereinigungen (§ 140a Abs. 1 Satz 2 SGB V).

- **§ 137f SGB V – strukturierte Behandlungsprogramme:**
Die Vorschriften der §§ 137f und 137g SGB V sind im Zusammenhang mit dem Risikostrukturausgleich (§§ 266 ff. SGB V) zu sehen. Dieser bot in der Vergangenheit kaum Anreize für Krankenkassen chronisch erkrankte Menschen - und damit versicherungstechnisch schlechte Risiken - als Mitglieder aufzunehmen. Hinzu trat, dass in Gutachten die Qualität der Versorgung

chronisch Kranker als mangelhaft erkannt wurde. Abhilfe sollten hier seit 2002 sog. strukturierte Behandlungsprogramme (auch Chroniker-Programme oder nach ihren Vorbildern aus den USA auch Disease-Management-Programme - DMP - genannt) schaffen. Ziel ist eine Verbesserung des Kosten-Nutzen-Verhältnisses für die Krankenkassen und den Versicherten. Mittel dieser Programme ist ein veränderter Organisationsansatz auf Seiten der Krankenkasse, der dem Versicherten eine Behandlung ermöglicht, die ihn zeitlich über den gesamten Krankheitsverlauf und strukturell über die Grenzen des einzelnen Leistungserbringers hinaus begleitet. Das Ergebnis soll sein, die Behandlung der Erkrankung selbst zu verbessern und dadurch die unmittelbaren Krankheitsfolgen abzumildern und Folgeerkrankungen zu reduzieren. Hierzu werden neben aufeinander abgestimmten Behandlungen auch Teilnahmevoraussetzungen vom Versicherten gefordert (sog. aktive Teilnahme, bspw. durch Teilnahme an Schulungen, Remindersystemen etc.).

Die **Teilnahme der Versicherten** an den DMP ist freiwillig, § 137f Abs. 3 SGB V. Sie erhalten jedoch neben den durch die Verknüpfung und Abstimmung verbesserten Behandlungsangeboten auch finanzielle Anreize, §§ 53 Abs. 3, 62 Abs. 1 SGB V. Auch die Beteiligung von Ärzten ist freiwillig. Sie ergibt sich nicht bereits aus der Zulassung als Vertragsarzt. Die Anforderungen der DMP an den Leistungserbringer haben aber Auswirkungen auf den Schutzbereich des Art. 12 Abs. 1 GG. Die Krankenkassen schließen über die Teilnahme Verträge mit den Leistungserbringern. Eine Drittanfechtung durch einen Konkurrenten ist nicht ausgeschlossen (vgl. zu den Anforderungen vertiefend: LSG NRW Beschluss vom 11.10.2013 -L 11 KA 23/13 B ER).

Für die Krankenkassen war die Einführung von DMP zunächst **finanziell sehr attraktiv**, weil die Berücksichtigung von in DMP eingeschriebenen Versicherten im Risikostrukturausgleich besonders lukrativ war. Zwischenzeitlich erhalten die Krankenkassen aber auch für chronisch erkrankte

Versicherte, die nicht an DMP teilnehmen, Leistungen aus dem Risikostrukturausgleich und in DMP eingeschriebene Versicherte werden nur mit einer zusätzlichen Pauschale berücksichtigt. Während es daher früher günstig für die Krankenkasse war, besonders viele Versicherte in DMP zu versorgen, liegt es jetzt vor allem im Interesse der Krankenkasse, dass die chronische Erkrankung einwandfrei diagnostiziert und nach dem ICD-10 codiert wird.

§ 137f Abs. 1 SGB V sieht vor, dass der Gemeinsame Bundesausschuss dem Bundesministerium für Gesundheit **chronische Krankheiten** in Richtlinien festlegt, die geeignet erscheinen, um für sie DMP zu entwickeln. Bei der Auswahl der Krankheiten ist der Gemeinsame Bundesausschuss an die Kriterien des § 137f Abs. 1 SGB V gebunden, die jedoch nicht abschließend aufgeführt sind ("insbesondere"). Der Gemeinsame Bundesausschuss kann daher auch zusätzliche **Kriterien** einführen; bspw.

- Zahl der von der Krankheit betroffenen Versicherten,
- Möglichkeit der Qualitätsverbesserung in der Versorgung,
- Vorhandensein evidenzbasierter Leitlinien,
- der Bedarf an sektorübergreifenden Behandlungen,
- Beeinflussbarkeit des Krankheitsverlaufs durch Eigeninitiative des Versicherten und
- hoher finanzieller Aufwand in der Versorgung.

Gem. § 137 Abs. 2 Satz 1 SGB V erlässt der Gemeinsame Bundesausschuss Richtlinien zu den Anforderungen an die DMP an das Bundesgesundheitsministerium, das diese nach Zustimmung des Bundesrats in Rechtsverordnungen festlegt. Inhaltlich betrifft diese Festlegung zum einen die Zulassung der Programme, zum anderen die für ihre Durchführung notwendigen personenbezogenen Daten. § 137f Abs. 2 Satz 2 SGB V enthält einen **Katalog von Anforderungen**, die benannt werden müssen. Die Aufzählung ist allerdings nicht abschließend ("insbesondere"). § 137f Abs. 2 Satz 4-5 SGB V regeln die Beteiligungsrechte der Spitzenverbände der Krankenkassen und der Spitzenorganisationen der Leistungserbringer. Mit deren Stellungnahmen muss sich der Gemeinsame Bundesausschuss inhaltlich auseinandersetzen und dies auch in seinen Entscheidungen erkennen lassen. Gebunden ist er aber durch die Stellungnahmen nicht. Aus der Entstehungsgeschichte der §§ 137 f und g SGB V (vgl. BT-Drucks. 14/71 23 vom 12.10.2001 S 14 oder Ausschussbericht vom 08.11 .2001 – BT-Drucks. 14/7395) wird deutlich, dass der Gesetzgeber hohe Anforderungen an die Qualitätssicherungsmaßnahmen und deren Prüfung durch die Beklagte gestellt hat. Es kann davon ausgegangen werden, dass auch die Rechtsprechung einen entsprechenden Maßstab anlegen wird (vgl. nur Bayrisches LSG Urteil vom 25.03.2010 - L 4 KR 169/08).

Die Teilnahme am DMP ist für den chronisch erkrankten **Versicherten freiwillig.** Der

Gesetzgeber war sich allerdings bewusst, dass vielen Versicherten die Teilnahme an einem besser strukturierten, sektorübergreifenden Behandlungsvorgang nicht als Motivation zur Teilnahme genügen würde und hat daher in den §§ 53 Abs. 3, 62 Abs. 1 SGB V finanzielle Anreize vorgesehen. § 137f Abs. 3 Satz 2 SGB V legt die **Voraussetzungen** für die Einschreibung des Versicherten in das DMP fest:

- umfassende **Information** des Versicherten durch die Krankenkasse,
- die **Einwilligung** des Versicherten zur Teilnahme muss **schriftlich** erfolgen,
- der Versicherte muss schriftlich in die Erhebung, Verarbeitung und Nutzung der erforderlichen **Daten** sowie der Übermittlung seiner Daten vom Leistungserbringer an die Krankenkasse **einwilligen**.

Die Teilnahmeerklärung des Versicherten ist jederzeit **widerrufbar**. Fehlt es an der aktiven Teilnahme des Versicherten (bspw. der Teilnahme an Schulungen etc.) ist er aus dem DMP auszuschreiben. Die Ausschreibung hat keine Auswirkungen auf seinen allgemeinen Anspruch auf ärztliche Behandlung zulasten der GKV; der Versicherte ist lediglich von den besonderen Möglichkeiten des DMP ausgeschlossen.

E. Die Zulassung zur vertragsärztlichen Versorgung

Die Erbringung ärztlicher Leistungen zulasten der Gesetzlichen Krankenversicherung ist nur sog. **Vertragsärzten** gestattet. Hierunter wird die Zulassung zur vertragsärztlichen Versorgung gem. § 95 Abs. 1 SGB V verstanden. Die Erteilung erfolgt durch den **Zulassungsausschuss**, der für jeden Bezirk durch die Kassenärztliche Vereinigung und den Landesverband der Krankenkassen gebildet wird. Dessen Zuständigkeitsbereich, der mit dem Bezirk der Kassenärztlichen Vereinigung identisch ist, nennt man **Zulassungsbezirk**.

Die Zulassung und die Versagung der Zulassung sind **Verwaltungsakte**. Sie können mittels Widerspruch angefochten werden. Der **Widerspruch** wird durch den **Berufungsausschuss** entschieden, der gem. § 96 Abs. 4 SGB V ebenfalls von der Kassenärztlichen Vereinigung und dem Landesverband der Krankenkassen für jeden Zulassungsbezirk gebildet wird, § 97 SGB V.

Widerspruchsbefugt sind selbstbetroffene oder konkurrierende Ärzte (insbesondere im Fall des Versagung der Zulassung) und die Krankenkassenverbände bzw. die Kassenärztliche Vereinigung. Der Widerspruch hat grundsätzlich aufschiebende Wirkung gem. § 96 Abs. 4 Satz 2 SGB V **aufschiebende Wirkung.**

Gegen Entscheidungen des Berufungsausschusses sind Anfechtungs- bzw. Verpflichtungsklagen zu den **Sozialgerichten** gem. § 51 Abs. 1 Nr. 2 SGG statthaft.

Das Erfordernis der Zulassung zur vertragsärztlichen Versorgung und damit der grundsätzliche Ausschluss von Nicht-Vertragsärzten von der Leistungserbringung zulasten der Gesetzlichen Krankenversicherung ist **verfassungsgemäß.** Es handelt sich freilich um einen Eingriff in Art. 12 Abs. 1, 2 Abs. 1 GG, insbesondere weil rund 90% der Bevölkerung gesetzlich krankenversichert sind. Verfassungsrechtlich gerechtfertigt ist der Eingriff nach allgemeiner Meinung aber, weil die Zulassung Garant für die bedarfsgerechte Versorgung der Bevölkerung mit ärztlichen Leistungen ist, indem sowohl eine (für die Ärzte möglicherweise ruinöse) Überversorgung, als auch eine

Unterversorgung vermieden wird. Es ist allgemein anerkannt und auch Grundlage zahlreicher Regelungen des ärztlichen Berufsrechts, dass der ungeregelte freie Wettbewerb der Ärzte, insbesondere die Patientenakquise um jeden Preis, geeignet wäre, sowohl zu Gesundheitsgefahren für die einzelnen Patienten als auch zu volkswirtschaftlichen Risiken zu führen. Hierin sieht auch das Bundesverfassungsgericht (vgl. BVerfG, Urteil vom 27. April 2001 – 1 BvR 1282/99) einen hochrangigen Belang des Allgemeinwohls.

I.   Zulassungsvoraussetzungen

Gem. § 95 Abs. 2 SGB V kann sich um die Zulassung als Vertragsarzt jeder Arzt bewerben, der seine Eintragung in ein Arzt- oder Zahnarztregister (**Arztregister**) nachweist. Die Arztregister werden von den Kassenärztlichen Vereinigungen für jeden Zulassungsbezirk geführt. Entscheidend ist der Wohnort des Arztes. Die Eintragung in ein Arztregister erfolgt auf Antrag

- nach Erfüllung der Voraussetzungen nach § 95a für Vertragsärzte,
- nach § 95c für Psychotherapeuten,

- nach Ableistung einer zweijährigen Vorbereitungszeit für Vertragszahnärzte.

Das Nähere regeln die Zulassungsverordnungen (Ärzte-ZV).

Letztlich müssen für Vertragsärzte gem. § 95a SGB V folgende Voraussetzungen erfüllt sein:

- **Approbation**: Die Approbation ist gem. § 2a BÄO auch Voraussetzung für das Führen der Berufsbezeichnung „Arzt" bzw. „Ärztin". Der Grund für das Zulassungserfordernis ist die staatliche Kontrolle zum Wohle eines funktionsfähigen Gesundheitswesens.
- **Nachweis des Fachwissens** in einem abgegrenzten Fachgebiet (§ 95a Abs. 1 Nr. 2 SGB V). Das Gesetz formuliert diese Voraussetzung wie folgt: Erfolgreichen Abschluss entweder einer allgemeinmedizinischen Weiterbildung oder einer Weiterbildung in einem anderen Fachgebiet mit der Befugnis zum Führen einer entsprechenden Gebietsbezeichnung oder den Nachweis einer Qualifikation, die gemäß § 95a Abs. 4, 5 anerkannt ist.

- **Präsenzgebot**, § 20 Abs. 1 Ärzte-ZV: Der Arzt muss sicherstellen, dass er im erforderlichen Maße persönlich zur Versorgung der Versicherten zur Verfügung steht. Dies ist insbesondere dann in Frage stehend, wenn der Arzt noch weitere Tätigkeiten ausübt. Erfordert wird, dass der Arzt regelmäßige Sprechstunden anbietet und ggf. zur Teilnahme am Notfalldienst bereit ist. Exakte zeitliche Grenzen verbieten sich (BT-Drs 17/6906, S. 104). Insbesondere dürfen weitere Tätigkeiten des Arztes nicht zu Interessenkollisionen führen; dies kann bspw. der Fall sein bei der gleichzeitigen Tätigkeit eines niedergelassenen Arztes als Betriebsarzt (BSG, Urteil vom 19. März 1997, 6 RKa 39/96).

- **Gesundheitliche Eignung**, § 21 Ärzte-ZV: Ähnlich wie für die Approbation ist auch die gesundheitliche Eignung des Arztes Voraussetzung für seine Tätigkeit als Vertragsarzt. Nicht gegeben ist die gesundheitliche Eignung bei schwerwiegenden geistigen und persönlichen Mängeln. Hierunter fallen insbesondere Suchtkrankheit, vor allem solche die in

Zusammenhang mit dem erleichterten Zugang von Ärzten an Substanzen, die als Betäubungs- und Suchtmittel dienen können, in Zusammenhang stehen. Das Gesetz verwendet – aber nur beispielhaft – die Begriffe der „Drogen- oder Alkoholabhängigkeit". § 21 Ärzte-ZV sieht in den Sätzen 3 bis 5 ein Begutachtungsverfahren auf Kosten des betroffenen Arztes vor. Die früher in § 25 Ärzt-ZV bestimmte Altersgrenze für die Erlangung der Zulassung (damals: 55 Jahre) wurde ersatzlos gestrichen.

- Keine **Ungeeignetheit aus sonstigen Gründen**, § 21 Ärzte-ZV: Ähnlich schwerwiegende Gründe, die nicht gesundheitlicher Natur sind, können ebenfalls zu einer fehlenden Eignung des Arztes führen. Hierunter insbesondere schwere Verstöße gegen das ärztliche Berufsrecht oder Verurteilungen zu Straftaten. Wegen des unmittelbaren Grundrechtsbezugs zu Art. 12 Abs. 1 GG sind die unbestimmten Rechtsbegriffe eng auszulegen und in Abwägung zum Schutzgut des (abstrakten) Patientenwohls zu bringen.

II. Besonderheiten der kooperativen Leistungserbringung

Die gemeinschaftliche Berufsausübung bspw. in einer **Gemeinschaftspraxis** erfordert eine gesonderte Genehmigung des Zulassungsausschusses, § 33 Abs. 3 Ärzt-ZV. Voraussetzung ist, dass die Berufsausübungsgemeinschaft dem Patienten die selben Schutz- und Freiheitsrechte garantiert, wie der Arzt in Einzelpraxis. Insbesondere werden „Gefahren" im Hinblick auf die freie Arztwahl gesehen, weshalb § 33 Abs. 1 Satz 3, Abs. 2 Satz 3 bis 5 Ärzte-ZV bestimmte Beschränkungen vorsehen, die eine grenzenlose wirtschaftliche Optimierung der gemeinschaftlichen Berufsausübung verhindern.

§ 33 Abs. 2 Ärzte-ZV unterscheidet zwischen der **örtlichen Berufsausübungsgemeinschaft**, bei der alle zur vertragsärztlichen Versorgung zugelassenen Leistungserbringer an einem gemeinsamen Vertragsarztsitz tätig sind und der **überörtlichen Berufsausübungsgemeinschaft**, mit unterschiedlichen Vertragsarztsitzen der Mitglieder der Berufsausübungsgemeinschaft. Beide Formen sind zulässig. Die überörtliche Berufsausübungsgemeinschaft, setzt voraus, dass die Erfüllung der Versorgungspflicht des jeweiligen Mitglieds an seinem Vertragsarztsitz unter Berücksichtigung der Mitwirkung angestellter Ärzte und Psychotherapeuten in dem erforderlichen Umfang gewährleistet ist, sowie der Vertragsarzt und die bei ihm angestellten Ärzte und Psychotherapeuten an den Vertragsarztsitzen der anderen Vertragsärzte nur in zeitlich begrenztem Umfang tätig werden.

Gem. § 95 Abs. 1 Satz 1 SGB V können ferner **Medizinische Versorgungszentren (MVZ)** zur vertragsärztlichen Versorgung zugelassen werden. Im Unterschied zu Gemeinschaftspraxen können dort Ärzte auch unterschiedlicher Fachrichtungen gemeinsam tätig werden und unter einem gemeinschaftlichen Dach hierdurch fachübergreifende Leistungen „aus einer Hand" anbieten. Dieser interdisziplinäre Ansatz erfordert, dass sich die zusammenarbeitenden Fachrichtungen regelmäßig gegenseitig ergänzen. Die Leitung des MVZ muss einem Arzt obliegen, eine kooperative Leitung mit einem nichtärztlichen Leistungserbringer ist ebenfalls zulässig. Ferner ist es zulässig, die kaufmännische Leitung an Nicht-Ärzte zu übertragen. Die weiteren

Zulassungsvoraussetzungen für ein MVZ entsprechen denen für Einzelzulassungen von Ärzten.

III. Ermächtigung

§§ 116, 116a SGB V i.V.m. § 31 Abs. 1 Ärzte-ZV erlaubt die Ermächtigung von abhängig beschäftigten **Krankenhausärzte**n zur vertragsärztlichen Versorgung. Die Erteilung der Ermächtigung obliegt gem. § 95 Abs. 4, 5 SGB V dem Zulassungsausschuss. Sie steht unter der Voraussetzung, dass andernfalls eine ausreichende medizinische Versorgung der gesetzlich Krankenversicherten durch niedergelassene Vertragsärzte nicht möglich wäre („Bedarfsdeckungslücke" / Grundsatz der Subsidiarität). Diesbezüglich steht dem Zulassungsausschuss ein nur eingeschränkt gerichtlich überprüfbarer Beurteilungsspielraum zu. Die Ermächtigung betrifft nur die ambulante Versorgung. Nicht ambulante Leistungen, die Teil der stationären Versorgung sind; bspw. vorbereitende Maßnahmen einer Bevorstehenden Operation.

Die Ermächtigung kann als **Einzelermächtigung** für bestimmte Krankenhausärzte gem. § 116 SGB V oder als **Institutsermächtigung** gem. § 116a SGB V erteilt werden.

Auch inhaltlich hat der Subsidiaritätsgrundsatz Auswirkungen auf die Leistungserbringung. Zwar besteht auch hinsichtlich ermächtigter Ärzte die freie Arztwahl aus § 76 SGB V, sie dürfen jedoch nur solche (ambulanten) Leistungen (zu Lasten der Gesetzlichen Krankenversicherung) anbieten und erbringen, für die durch niedergelassene Vertragsärzte keine ausreichende Sicherstellung gegeben ist. Dieses sog. **Aufgabenfeld** ist gem. § 31 Abs. 7 Ärzte-ZV näher zu umschreiben und wird regelmäßig befristet. Der Fristablauf führt ohne eine weitere Verwaltungsentscheidung (d.h. ohne gesonderten Verwaltungsakt) zum Ende der Ermächtigung.

IV. Bedarfsplanung

Neben den persönlichen Voraussetzungen für eine Zulassung muss objektiv auch die **Notwendigkeit** der Zulassung im Hinblick auf die **Deckung des Versorgungsbedarfs** bestehen. Die Voraussetzungen sind in §§ 99 ff. SGB V geregelt. Letztlich ist zu betrachten, ob der Bedarf bereits durch die schon zugelassenen Ärzte ausreichend gedeckt ist.

Die Bedarfsplanung erfolgt anhand eines **Bedarfsplan**s. Dieser Plan wird von der Kassenärztlichen Vereinigung im Einvernehmen mit den Verbänden der Krankenkassen für den jeweiligen Bezirk (**Planungsbereich**) aufgestellt.

Die hierbei zu beachtenden Vorgaben regelt gem. § 101 SGB V der Gemeinsame Bundesausschuss in Richtlinien;

- einheitliche Verhältniszahlen für den allgemeinen bedarfsgerechten Versorgungsgrad in der vertragsärztlichen Versorgung (= **Verhältnis zwischen Bevölkerung und Ärzten**),
- Maßstäbe für eine **ausgewogene** hausärztliche und fachärztliche **Versorgungsstruktur**, Regelungen, mit denen bei der Berechnung des Versorgungsgrades die von Ärzten erbrachten spezialfachärztlichen Leistungen nach § 116b berücksichtigt werden,
- Regelungen, mit denen bei der Berechnung des Versorgungsgrades die durch **Ermächtigung** an der vertragsärztlichen Versorgung teilnehmenden Ärzte berücksichtigt werden,
- Vorgaben für die ausnahmsweise **Besetzung zusätzlicher Vertragsarztsitze**, soweit diese zur Gewährleistung der vertragsärztlichen Versorgung in einem

Versorgungsbereich unerlässlich sind, um einen zusätzlichen lokalen oder einen qualifikationsbezogenen Versorgungsbedarf insbesondere innerhalb einer Arztgruppe zu decken,

- allgemeine Voraussetzungen, nach denen die Landesausschüsse der Ärzte und Krankenkassen nach § 100 Abs. 3 einen zusätzlichen lokalen Versorgungsbedarf in nicht unterversorgten Planungsbereichen feststellen können,

- Ausnahmeregelungen für die Zulassung eines Arztes in einem Planungsbereich, für den Zulassungsbeschränkungen angeordnet sind, sofern der Arzt die vertragsärztliche Tätigkeit gemeinsam mit einem dort bereits tätigen Vertragsarzt desselben Fachgebiets oder, sofern die Weiterbildungsordnungen Facharztbezeichnungen vorsehen, derselben Facharztbezeichnung ausüben will und sich die Partner der **Berufsausübungsgemeinschaft** gegenüber dem Zulassungsausschuss zu einer Leistungsbegrenzung verpflichten, die den bisherigen Praxisumfang nicht wesentlich überschreitet, dies gilt für die Anstellung eines Arztes in einer Einrichtung nach § 311 Abs. 2 Satz 1 und in einem medizinischen Versorgungszentrum entsprechend; bei der Ermittlung des Versorgungsgrades ist der Arzt nicht mitzurechnen,

- Regelungen für die **Anstellung von Ärzten** bei einem Vertragsarzt desselben Fachgebiets oder, sofern die Weiterbildungsordnungen Facharztbezeichnungen vorsehen, mit derselben Facharztbezeichnung in einem Planungsbereich, für den Zulassungsbeschränkungen angeordnet sind, sofern sich der Vertragsarzt gegenüber dem Zulassungsausschuss zu einer Leistungsbegrenzung verpflichtet, die den bisherigen Praxisumfang nicht wesentlich überschreitet, und Ausnahmen von der Leistungsbegrenzung, soweit und solange dies zur Deckung eines zusätzlichen lokalen Versorgungsbedarfs erforderlich ist; bei der Ermittlung des Versorgungsgrades sind die angestellten Ärzte nicht mitzurechnen,
- Ausnahmeregelungen zur **Leistungsbegrenzung** eines unterdurchschnittlichen Praxisumfangs; für psychotherapeutische Praxen mit unterdurchschnittlichem Praxisumfang soll eine Vergrößerung des Praxisumfangs nicht auf den Fachgruppendurchschnitt begrenzt werden.

Die Bedarfsplanung erfolgt jeweils gesondert nach sog. Arztgruppen, d.h. ärztlichen Fachrichtungen.

1. Unterversorgung

Unter einer Unterversorgung gem. § 100 SGB V ist der Zustand zu verstehen, wenn die im Bedarfsplan vorgesehene **Zahl von Vertragsarztsitzen nicht erreicht** wird oder diese in absehbarer Zeit droht (bspw. aufgrund der Altersstruktur der Vertragsärzteschaft). Ermächtigte Ärzte sind also bei der Feststellung der Unterversorgung nicht zu berücksichtigen. Eine Regelvermutung für die Feststellung der Unterversorgung enthält § 29 der Bedarfsplanungs-Richtlinie[4] des Gemeinsamen Bundesausschusses.

Die Unterversorgung wird vom Landesausschuss der Ärzte und Krankenkassen festgestellt. Als **Folge der Feststellung** ist der zuständigen Kassenärztlichen Vereinigung eine Frist zur Beseitigung der Unterversorgung zu setzen.

Folgende **Maßnahmen** stehen der Kassenärztlichen Vereinigung zur Beseitigung einer Unterversorgung insbesondere zur Verfügung:

---

[4] https://www.g-ba.de/downloads/62-492-1743/BPL-RL_2018-10-18_iK_2019-01-17.pdf

- Schaffung von Eigeneinrichtungen der Kassenärztlichen Vereinigung, in denen angestellte Ärzte ohne eigenes wirtschaftliches Risiko tätig werden können.

- Finanzierungshilfen und Zuschüsse zu Investitionen oder Betriebskosten,

- Erteilung von Einzel- oder Institutsermächtigungen.

2. Überversorgung

Überschreitet die Anzahl von Vertragsarztsitzen die Vorgaben des Bedarfsplans, liegt eine Überversorgung vor. Gem. § 24 der Bedarfsplanungs-Richtlinie, die gem. § 101 SGB V hierfür vom Gemeinsamen Bundesausschuss beschlossen wurde, liegt eine relevante Überversorgung erst vor, wenn der Vergleich zwischen der für den Planungsbereich maßgeblichen Allgemeinen Verhältniszahl für die Arztgruppe und der für den Planungsbereich ermittelten lokalen Verhältniszahl eine **Überschreitung von 10 %** (die **lokale Arzt/Einwohnerrelation** übersteigt um 10 Prozent die allgemeine Arzt/Einwohnerrelation) ergibt.

Gem. § 103 Abs. 1 SGB V stellen die **Landesausschüsse der Ärzte und Krankenkassen** fest, ob eine Überversorgung vorliegt; die durch Ermächtigung an der vertragsärztlichen Versorgung teilnehmenden Ärzte sind bei der Feststellung einer Überversorgung nicht zu berücksichtigen. Wenn dies der Fall ist, hat der Landesausschuss nach den Vorschriften der Zulassungsverordnungen und unter Berücksichtigung der Richtlinien des Gemeinsamen Bundesausschusses **Zulassungsbeschränkungen** anzuordnen. Gem. § 103 Abs. 3 SGB V müssen die Zulassungsbeschränkungen andererseits wieder aufgehoben werden, wenn die Voraussetzungen für eine Überversorgung entfallen sind. Die sehr einschneidende und grundsätzlich zwingende Rechtsfolge ist zur Wahrung der finanziellen Stabilität der gesetzlichen Krankenversicherung notwendig; befürchtet wird ein **ruinöser Wettbewerb**, der vor allem dazu führt, dass Ärzte sich bei der Leistungsgewährung ggf. nicht mehr nur durch die medizinische Notwendigkeit leiten lassen würden, sondern durch den Patientenwunsch nach bestimmten Leistungen, Verschreibungen oder Krankschreibungen. Hieraus würden sich negative volkswirtschaftliche Folgen genauso generieren, wie Nachteile für die Patientensicherheit und die Verlässlichkeit des Gesundheitswesens.

Trotz Zulassungssperre kann in Einzelfällen eine Zulassung dennoch erteilt werden:

- **Sonderbedarfsfeststellung**, § 101 Abs. 1 Satz 1 Nr. 3 SGB V: Die ausnahmsweise Besetzung zusätzlicher Vertragsarztsitze ist Rahmen der §§ 36 ff Bedarfsplanungs-Richtlinie möglich, soweit diese zur Gewährleistung der vertragsärztlichen Versorgung in einem Versorgungsbereich unerlässlich sind, um einen zusätzlichen lokalen oder einen qualifikationsbezogenen Versorgungsbedarf insbesondere innerhalb einer Arztgruppe zu decken.

- **Gemeinschaftliche Berufsausübung**, § 101 Abs. 1 Satz 1 Nr. 4, 5 SGB V:
  - Nr. 4: Zulassung eines Arztes in einem Planungsbereich, für den Zulassungsbeschränkungen angeordnet sind, sofern der Arzt die vertragsärztliche Tätigkeit **gemeinsam mit einem dort bereits tätigen Vertragsarzt** desselben Fachgebiets oder, sofern die Weiterbildungsordnungen Facharztbezeichnungen vorsehen,

derselben Facharztbezeichnung ausüben will und sich die Partner der Berufsausübungsgemeinschaft gegenüber dem Zulassungsausschuss zu einer Leistungsbegrenzung verpflichten, die den bisherigen Praxisumfang nicht wesentlich überschreitet.

- o Nr. 5: **Anstellung von Ärzten bei einem Vertragsarzt desselben Fachgebiets** oder, sofern die Weiterbildungsordnungen Facharztbezeichnungen vorsehen, mit derselben Facharztbezeichnung in einem Planungsbereich, für den Zulassungsbeschränkungen angeordnet sind, sofern sich der Vertragsarzt gegenüber dem Zulassungsausschuss zu einer Leistungsbegrenzung verpflichtet, die den bisherigen Praxisumfang nicht wesentlich überschreitet

- **Nachbesetzung, § 103 Abs. 3a, 4 SGB V:** Wenn die Zulassung eines Vertragsarztes in einem Planungsbereich, für den Zulassungsbeschränkungen angeordnet sind, durch

Tod, Verzicht oder Entziehung endet und die Praxis **von einem Nachfolger weitergeführt** werden soll, entscheidet der Zulassungsausschuss auf Antrag des Vertragsarztes oder seiner zur Verfügung über die Praxis berechtigten Erben, ob ein Nachbesetzungsverfahren für den Vertragsarztsitz durchgeführt werden soll. Im Rahmen des Verfahrens wird der **Vertragsarztsitz ausgeschrieben**. Unter mehreren Bewerbern, die die ausgeschriebene Praxis als Nachfolger des bisherigen Vertragsarztes fortführen wollen, hat der Zulassungsausschuss den Nachfolger nach pflichtgemäßem Ermessen auszuwählen. Bei der **Auswahl der Bewerber** sind **folgende Kriterien** zu berücksichtigen:

- ✓ die berufliche **Eignung**,
- ✓ das Approbationsalter,
- ✓ die **Dauer** der ärztlichen Tätigkeit,
- ✓ eine mindestens fünf Jahre dauernde vertragsärztliche Tätigkeit in einem Gebiet, in dem der Landesausschuss nach § 100 Absatz 1 das Bestehen von **Unterversorgung** festgestellt hat,

- ✓ ob der Bewerber Ehegatte, Lebenspartner oder ein **Kind des bisherigen Vertragsarztes** ist,
- ✓ ob der Bewerber ein **angestellter Arzt** des bisherigen Vertragsarztes oder ein Vertragsarzt ist, mit dem die Praxis bisher gemeinschaftlich betrieben wurde,
- ✓ ob der Bewerber bereit ist, **besondere Versorgungsbedürfnisse**, die in der Ausschreibung der Kassenärztlichen Vereinigung definiert worden sind, zu erfüllen,
- ✓ Belange von Menschen mit Behinderung beim Zugang zur Versorgung.

V. Rechtsfolgen der Zulassung

Die Zulassung bewirkt gem. § 95 Abs. 3 SGB V, dass der Vertragsarzt Mitglied der für seinen Kassenarztsitz zuständigen kassenärztlichen Vereinigung wird und zur Teilnahme an der vertragsärztlichen Versorgung berechtigt und verpflichtet ist.

1. Vertragsarztsitz

Gem. § 24 Ärzte-ZV erfolgt die Zulassung für den **Ort der Niederlassung** als Arzt (Vertragsarztsitz). Der Vertragsarztsitz ist der Ort, an dem der Arzt seine **Sprechstunde** abzuhalten hat, § 24 Abs. 2 Ärzte-ZV (Präsenzpflicht). Hiermit ist insbesondere der Erstkontakt zwischen Arzt und Patient gemeint.

Eine **Zweigpraxis** ist unter den besonderen Voraussetzungen des § 24 Abs. 3 Ärzte-ZV möglich:

- dies die Versorgung der Versicherten an den weiteren Orten verbessert und
- die ordnungsgemäße Versorgung der Versicherten am Ort des Vertragsarztsitzes nicht beeinträchtigt wird; geringfügige Beeinträchtigungen für die Versorgung am Ort des Vertragsarztsitzes sind unbeachtlich, wenn sie durch die Verbesserung der Versorgung an dem weiteren Ort aufgewogen werden.

Gemeint sind insoweit vor allem Aspekte der **Bedarfsplanung**, die andernfalls durch Zweigpraxen konterkariert werden könnten. Eine Verbesserung der Versorgung steht also eine Überversorgung am Ort der

Zweigpraxis grundsätzlich entgegen. Ferner darf der Betrieb der Zweigpraxis die Leistungserbringung am Vertragsarztsitz nicht mehr als unerheblich beeinträchtigen.

2. Präsenzpflicht

Gem. § 24 Abs. 2 Ärzte-ZV besteht für Vertragsärzte die sog. Präsenzpflicht. Diese erfüllt er durch das Abhalten von **Sprechstunde**n. Sprechstunden beschreiben die Möglichkeit der persönlichen Konsultation des Arztes.

Der **zeitliche Umfang** der Präsenzpflicht ergibt sich aus § 17 BMV-Ä. Für Ärzte mit vollzeitigem Versorgungsauftrag liegt der zeitliche Mindestumfang bei 20 Stunden pro Woche. Bei der Berechnung der Sprechstundenzeiten sind alle diejenigen Stunden zu berücksichtigen, in denen sich der Arzt - mit Bekanntgabe auf seinem **Praxisschild** - für die Behandlung gesetzlich Krankenversicherter zur Verfügung stellt. Zeitlich unberücksichtigt bleibt, ob bzw. in welchem Umfang in diesen Zeiten auch Privatpatienten behandelt werden (Clemens in: Schallen, Zulassungsverordnung, 9. Aufl. 2018, § 24, Rn. 36). Die Sprechstunden sind ferner so zu planen, dass sie (auch) zu Zeiten verfügbar sind, in denen sie bei Patienten auch nachgefragt sind – ggf. auch in den Abendstunden oder am Wochenende.

§ 19a Ärzte-ZV verpflichtet den Vertragsarzt grundsätzlich zu einer **vollzeitigen Tätigkeit**. Ausnahmen kommen gem. § 19a Abs. 2 Ärzte-ZV in Betracht.

3. Behandlungspflicht des Vertragsarztes

Bereits berufsrechtlich trifft Ärzte aufgrund ihrer Approbation grundsätzlich die Pflicht zur Behandlung gegenüber „der Allgemeinheit". Für Vertragsärzte wird diese Pflicht konkretisiert und verschärft durch § 95 Abs. 3 SGB V:

Die Ablehnung eines Patienten ist für einen Vertragsarzt grundsätzlich nicht möglich. Es besteht ein **Kontrahierungszwang** aus der Mitgliedschaft zur Kassenärztlichen Vereinigung. Diese mitgliedschaftliche Pflicht hat zwar keine Außenwirkung auf den Patienten, so dass dieser keine Behandlung durch den konkreten Arzt einklagen könnte. Die Satzungen der Kassenärztlichen Vereinigungen sehen aber ein abgestuftes Sanktionsverfahren bei Zuwiderhandlungen vor (vgl. §§ 75 Abs. 2, 81 Abs. 5 SGB V).

Ausnahmen von der Behandlungspflicht existieren aber:

- Gem. § 13 Abs. 7 BMV-Ä gilt: Der Vertragsarzt ist berechtigt, die Behandlung eines Versicherten, der das 18. Lebensjahr vollendet hat, abzulehnen, **wenn dieser nicht vor der Behandlung die elektronische Gesundheitskarte vorlegt**. Dies gilt nicht bei akuter Behandlungsbedürftigkeit sowie für die nicht persönliche Inanspruchnahme des Vertragsarztes durch den Versicherten. Der Vertragsarzt darf die Behandlung eines Versicherten im Übrigen nur in begründeten Fällen ablehnen. Die bloß unklare Versicherungslage ist wegen der allgemeinen Versicherungspflicht aus § 5 Nr. 13 SGB V regelmäßig kein Ablehnungsgrund.

- (Begründetes) Fehlen des notwendigen **Vertrauensverhältnis**ses zwischen Arzt und Patient: Querulanz, betrügerisches Verhalten des Patienten.

- Nach **Abwägung**: Bei unvermeidbarer Überlastung des Arztes, unzumutbare Selbstgefährdung des Arztes etc.

Jedenfalls unzulässig ist die **Ablehnung einer Behandlung in berufsrechtswidriger Weise**, bspw. aus religiösen, weltanschaulichen oder gar rassistischen Gründen. Insgesamt dürfen **(wert)politische Differenzen** niemals zulasten des Patientenwohls ausgetragen werden. Erst Recht sind **finanzielle Erwägungen** – bspw. unzureichende Honorierung der Krankenversicherung – kein Grund für die Ablehnung einer Behandlung und auch ein berufsrechtlicher Verstoß.

Unterfall der Behandlungspflicht ist die Verpflichtung des Vertragsarztes am **Notdienst** teilzunehmen. Der Vertragsarzt ist verpflichtet, umfassend und jederzeit für die Erfüllung des Sicherstellungsauftrags zur Verfügung zu stehen. Eine Befreiung von dieser Verpflichtung kommt nur ausnahmsweise in Betracht, bspw. aus gesundheitlichen Gründen. Da der Notdienst nur die ärztliche Grundversorgung betrifft, können sich auch nicht allgemeinmedizinisch tätige Ärzte nicht auf fehlendes (Notfall-)Fachwissen berufen, weil jeder niedergelassene Arzt über dieses Wissen verfügen und es im Rahmen seiner Fortbildungspflicht erhalten muss.

4. persönliche Leistungserbringung

Bei der ärztlichen Tätigkeit handelt es sich um einen freien Beruf. Diese Qualifizierung steht in engem Zusammenhang mit der Therapiefreiheit einerseits und Behandlungspflicht andererseits und bedingt die persönliche Leistungserbringung durch den Arzt. Diese wiederum ist notwendig zum Entstehen und Erhalt der für die Anamnese und Therapie hochbedeutsamen besonderen **Vertrauensbeziehung** zwischen Arzt und Patient. Die persönliche Leistungserbringung betrifft den Kernbereich der ärztlichen Tätigkeit, insbesondere also (vgl. Janda, Medizinrecht, 2. Aufl. 2013, S. 185):

- Anamnese,
- Untersuchung,
- Diagnosestellung,
- Beurteilung der Indikation medizinischer Maßnahmen,
- Vornahme medizinischer Eingriffe.

Leistungen von Assistenten zur Ausbildung und Hilfsleistungen nichtärztlichem Personals sind zulässig, bedürfen aber der Anweisung und ggf. der Überwachung des Arztes selbst. **Delegationsfähige Leistungen** werden ferner in § 28 Abs. 1 Satz 3 SGB V i.V.m. § 15 Abs. 1 Satz 6, Anlage 8 BMV-Ä beschrieben.

5. Fachgebietsbezogenheit der Behandlung

§ 24 Abs. 6 Ärzte-ZV beschränkt die Zulassung auf die jeweilige Facharztbezeichnung. Der Arzt darf grundsätzlich nur in den Grenzen dieses Fachgebiets tätig werden. **Fachfremde Leistungen** kann er nicht zulasten der Gesetzlichen Krankenversicherung abrechnen. Bei nah beieinander liegenden Fachgebieten sind ggf. Überlappungen, sogar Überschreitung im Einzelfall zu tolerieren. Die Begrenzung korrespondiert mit Aspekten der Qualitätssicherung, insbesondere der Fortbildungsverpflichtung und der notwendigen Ausstattung der Arztpraxis.

VI. Beendigung der Zulassung

Die Zulassung zur vertragsärztlichen Versorgung ist ein Verwaltungsakt. Sie kann durch Tod und Wegzug des Arztes, Verzicht, Fristablauf (§ 97 Abs. 7 SGB V i.V.m. § 19 Abs. 4 Ärzte-ZV) oder Entziehung endgültig oder durch Ruhen vorübergehend ihre Wirkung verlieren.

1. Entzug der Zulassung

Gem. § 95 Abs. 6 SGB V ist die Zulassung vom **Zulassungsausschuss** im Rahmen einer hinsichtlich des „ob" gebundenen Entscheidung **zu entziehen**, wenn ihre Voraussetzungen nicht oder nicht mehr vorliegen (vgl. §§ 19 ff. Ärzte-ZV), der Vertragsarzt die vertragsärztliche Tätigkeit nicht aufnimmt oder nicht mehr ausübt oder seine vertragsärztlichen Pflichten gröblich verletzt. Der Zulassungsausschuss kann - als milderes Mittel aufgrund von Verhältnismäßigkeitserwägungen - statt einer vollständigen auch eine hälftige Entziehung der Zulassung beschließen. Insoweit besteht also zwar kein Entschließungs-, aber ein Auswahlermessen (vgl. § 27 Ärzte-ZV).

Problematisch ist – schon wegen der vom Zulassungsausschuss von Amts wegen zu treffenden Entscheidung – die Ausfüllung des unbestimmten Rechtsbegriffs der **„gröblichen Pflichtverletzung"**. Bereits begrifflich ist klargestellt, dass nicht jede ärztliche Pflichtverletzung ausreicht. Ferner ist anerkannt, dass aufgrund des unmittelbaren Grundrechtsbezugs (Art. 12 Abs. 1 GG) mildere berufsrechtliche Sanktionen den Vorrang vor dem endgültigen Verlust der vertragsärztlichen Zulassung haben, andererseits die Zulassungsentziehung ein milderes Mittel gegenüber dem Verlust der Approbation darstellt. Letztlich ist eine besonders **schwere oder wiederholte Pflichtverletzung** erforderlich, die das Vertrauensverhältnis der Kassenärztlichen Vereinigung in den Arzt objektiv erschüttert. Namentlich kann diese Pflichtverletzung ist erheblichen, vorsätzlichen Abrechnungsmanipulationen liegen. Nach der Rechtsprechung des **Bundesverfassungsgericht**s[5] rechtfertigt eine „gröbliche Pflichtverletzung" den Entzug der Zulassung, wenn der Arzt sich als ungeeignet für die Teilnahme an der kassenärztlichen Versorgung erscheint:

---

[5] BVerfG Beschluss vom 28. März 1985, 1 BvR 1245/84, 1 BvR 1254/84.

„Ungeeignetheit liegt in der Regel dann vor, wenn die gesetzliche Ordnung der [...]ärztlichen Versorgung durch das Verhalten des [...]Arztes in erheblichem Maße verletzt wird und das Vertrauensverhältnis zu den gesetzlichen Krankenkassen und den Versicherten tiefgreifend und nachhaltig gestört ist. Ungeeignetheit kann sich aus unsachgemäßer, der [...]ärztlichen Kunst nicht entsprechender Behandlung ergeben, die den Versicherten Gesundheitsgefahren aussetzt, sowie ferner aus manipulierten Abrechnungen, die das zur reibungslosen Durchführung der [...]ärztlichen Versorgung als Verwaltungsaufgabe notwendige Vertrauensverhältnis so schwer stören, dass den Kassen[...]ärztlichen Vereinigungen und Krankenkassen eine weitere Zusammenarbeit nicht zugemutet werden kann."

2. Ruhen der Zulassung

Gem. § 95 Abs. 5 SGB V ist das Ruhen der Zulassung möglich. **Rechtsfolge** ist, dass die Zulassung vorübergehend weder Rechte noch Pflichten des Arztes entfaltet. Über das Ruhen entscheidet der Zulassungsausschuss durch Verwaltungsakt unter Angabe der Dauer des Ruhens, § 26

Abs. 2 Ärzte-ZV. Nach deren Ablauf lebt die Zulassung ohne weitere Entscheidung wieder auf.

Ruhensgründe können die vorübergehende Hinderung an der Tätigkeit bspw. aufgrund einer Erkrankung des Arztes oder seiner Ortsabwesenheit sein. Zudem kann das Ruhen der Zulassung ihm eine hauptamtliche Tätigkeit bei einer Kassenärztlichen Vereinigung oder der Kassenärztlichen Bundesvereinigung ermöglichen.

3. Wegzug des Arztes

Zieht der Arzt aus dem Bezirk seiner Kassenärztlichen Vereinigung endet seine Zulassung gem. § 95 Abs. 7 SGB V. Für eine **Zulassung an seinem neuen Wohnort** ist ein Antrag bei der (neuen) Kassenärztlichen Vereinigung erforderlich, der freilich ein neues Zulassungsverfahren bewirkt und daher nur bei Vorliegen der subjektiven und objektiven Voraussetzungen für eine Zulassung bewilligt wird; die betrifft insbesondere die Gesichtspunkte der Bedarfsplanung.

4. Verzicht auf die Zulassung

Der Verzicht auf die Zulassung ist eine **einseitige, empfangsbedürftige Willenserklärung.** Eine Zustimmung der Kassenärztlichen Vereinigung bzw. des Zulassungsausschusses ist keine Voraussetzung für dessen Wirksamkeit. Mithin hindert auch eine **Unterversorgung** im Bezirk des Vertragsarztsitzes nicht, dass der Verzicht erklärt wird. Es besteht auch keine standesrechtliche Pflicht, eine vertragsärztliche Tätigkeit in einem unterversorgten Gebiet fortzuführen.

F. Vergütungsrecht

Die Vergütung des Vertragsarztes erfolgt im Rahmen des Beziehungsgepflechts des „**Beziehungsvierecks**" der ärztlichen Versorgung in der Gesetzlichen Krankenversicherung.[6] Die komplexe, aber durchaus zweckmäßige und im Ergebnis bewährte Struktur fußt auf dem historisch gewachsenen **Sachleistungsprinzip** der Gesetzlichen Krankenversicherung. Das in § 2 Abs. 2 SGB V normierte Sachleistungsprinzip **dient vor allem** dem **Schutz des Patienten** vor einer (finanziellen) Überforderung im Krankheitsfall. Es bringt ihm ferner einen sehr unkomplizierten, barrierearmen Zugang zu medizinischen, insbesondere ärztlichen Leistungen. Auch für den ärztlichen Leistungserbringer hat das Sachleistungsprinzip durchaus erhebliche Vorteile. Er erspart wesentliche Aufwände bei der **Rechnungsstellung**, für Mahnungen und ggf. Inkassoleistungen. Er trägt ferner kein **Ausfallrisiko** bei Nichtleistungsfähigkeit des behandelten Patienten. Der Arzt sieht sich mit der Kassenärztlichen Vereinigung stets einem solventen Schuldner gegenüber.

---

[6] Siehe oben B.

Gesundheitsökonomisch bietet die Viereckstruktur ferner größtmögliche Planungsmöglichkeiten und dient damit der Qualität und der Effizienz des Gesundheitssystems. Volkswirtschaftlich steht das Sachleistungsprinzip andererseits auch in der Kritik, weil es für einen **Missbrauch** durch Patienten durch eine übermäßige Inanspruchnahme ärztlicher Leistungen einerseits, einem Missbrauch durch betrügerisch agierende Leistungserbringer aufgrund mangelnder Transparenz andererseits anfällig ist. Versuche eine entsprechende Transparenz herzustellen, bspw. gem. § 305 SGB V durch die sog. Patientenquittung sind bislang weitgehend erfolglos.

Gem. § 82 Abs. 2 SGB V werden die Vergütungen der an der vertragsärztlichen Versorgung teilnehmenden Ärzte und Einrichtungen von den Landesverbänden der Krankenkassen und den Ersatzkassen mit den Kassenärztlichen Vereinigungen durch **Gesamtverträge**[7] geregelt. Die Krankenkasse entrichtet nach Maßgabe der Gesamtverträge an die jeweilige Kassenärztliche Vereinigung mit befreiender Wirkung eine

---

[7] Siehe oben D II.

Gesamtvergütung für die gesamte vertragsärztliche Versorgung der Mitglieder mit Wohnort im Bezirk der Kassenärztlichen Vereinigung einschließlich der mitversicherten Familienangehörigen, § 85 Abs. 1 SGB V. Die Höhe der Gesamtvergütung wird im Gesamtvertrag vereinbart.

I.   Zahlungen der Krankenkassen

Die **Gesamtvergütung** ist das Ausgabenvolumen für die Gesamtheit der zu vergütenden vertragsärztlichen Leistungen; sie kann als Festbetrag oder auf der Grundlage des Bewertungsmaßstabes nach Einzelleistungen, nach einer Kopfpauschale, nach einer Fallpauschale oder nach einem System berechnet werden, das sich aus der Verbindung dieser oder weiterer Berechnungsarten ergibt. Die Vereinbarung unterschiedlicher Vergütungen für die Versorgung verschiedener Gruppen von Versicherten ist nicht zulässig. Letztlich handelt es sich bei der Gesamtvergütung um einen bestimmten Betrag, den die Krankenkassen den Kassenärztlichen Vereinigungen zur

Verfügung stellen, um mit befreiender Wirkung für die ambulante Versorgung ihrer Versicherten zu zahlen.

Aus der Gesamtvergütung nehmen die Kassenärztlichen Vereinigungen die **Honorarverteilung** an die einzelnen Ärzte vor. Die nur mittelbare Abrechnung des Honorars des Arztes mit der Kassenärztlichen Vereinigung aus der Gesamtvergütung dient der Auflösung des Widerspruchs, dass innerhalb des Systems der Gesetzlichen Krankenversicherung nur eine begrenzte Menge an Geld und damit eine **endliche Finanzierungsmöglichkeit** zur Verfügung steht, andererseits die Patienten aufgrund des Sachleistungsanspruchs aber einen **unbegrenzten Leistungsanspruch** haben. Zum Abruf seines Honorars reicht der einzelne Arzt quartalsweise eine Abrechnung bei der Kassenärztlichen Vereinigung ein. Diese Abrechnung basiert auf dem **Einheitlichen Bewertungsmaßstab** (EBM), der katalogartig alle abrechenbaren Leistungen der Gesetzlichen Krankenversicherung umfasst. Den im EBM enthaltenen Leistungen stehen feste Euro-Beträge gegenüber (sog. Euro-EBM), die sich wiederum aus einem Punktwert für die Einzelleistung multipliziert mit dem sog. Orientierungswert gem. § 87 Abs. 2e SGB V ergeben. Den

Orientierungspunktwert setzt der Erweiterte Bewertungsausschuss bundesweit und kassenartübergreifend fest. Der bundesweite Wert kann durch einen regionalen Punktwert ersetzt werden, § 87a Abs. 2 Satz 2 SGB V.

Im Wesentlichen werden die so abgerechneten Leistungen aus der **morbiditätsbedingten Gesamtvergütung** (MBV) honoriert. Diese stellt eine betragsmäßig festgelegte Mengenbegrenzung dar. Überschreitet der einzelne Arzt diese festgelegte Leistungsmenge im Quartal, werden die darüber hinausgehenden Leistungen zu jeweils abgesenkten Euro-Beträgen honoriert.

Neben die morbiditätsbedingte Gesamtvergütung tritt die **extrabudgetäre Gesamtvergütung** (EGV) als kleinerer Teil der Gesamtvergütung. Hieraus wird das Honorar des Arztes für besonders förderungswürdigen Leistungen der Prävention (Impfungen, Früherkennungsuntersuchungen etc.) oder für ambulante Operationen vergütet. Die Höhe dieses Honorar richtet sich in der Regel nach den Preisen einer Euro-Gebührenordnung.

Schließlich wird die Gesamtvergütung noch gespeist aus dem **Fremdkassenzahlungsausgleich** gem. § 75 Abs. 7, 7a SGB V. Es handelt sich um eine Ausgleichszahlung verschiedenen Kassenärztlicher Vereinigungen für das Auseinanderfallen von Wohnort des Patienten und KV-Bezirk der Leistungserbringung.

II.   Vergütung des Arztes

Das ärztliche Honorar setzt sich wiederum aus diesen Vergütungsbereichen zusammen.

1. Regelleistungsvolumen

Basis der Vergütung ist das **Regelleistungsvolumen** (RLV). Es wird jedem Arzt bzw. jeder Praxis quartalsweise von der Kassenärztlichen Vereinigung zur Verfügung gestellt. Seine Höhe ergibt sich im Wesentlichen aus der Fallzahl der Praxis im Vorjahresquartal und dem durchschnittlichen Fallwert der Arztgruppe. Das Regelleistungsvolumen wird in einem Euro-Wert ausgewiesen.

Die **Fallzahl** ist die Zahl der kurativ-ambulanten Behandlungsfälle je Arzt im Vorjahresquartal (nicht im davor liegenden Quartal); ausgenommen sind u.a. Fälle im organisierten Notdienst und Überweisungen, bei denen ausschließlich Probenuntersuchungen und Befundungen von dokumentierten Untersuchungsergebnissen stattfinden.

Der **Fallwert** ist das Vergütungsvolumen, das für die Regelleistungsvolumina der jeweiligen Arztgruppe innerhalb der morbiditätsbedingten Gesamtvergütung zur Verfügung steht, durch die Fallzahl der Arztgruppe geteilt. Das Ergebnis ist der arztgruppenspezifische Fallwert. Hineingerechnet werden nur solche Leistungen, die innerhalb des Regelleistungsvolumens erbracht werden, nicht also solche, die dem extrabudgetären Bereich zuzuordnen sind (bspw. Leistungen der Prävention (Impfungen, Früherkennungsuntersuchungen etc.) oder für ambulante Operationen).

2. Arztgruppenspezifische Verteilungsvolumina

Die **qualifikationsgebundenen Zusatzvolumina** (QZV) sind eine Ergänzung des Regelleistungsvolumens für qualitätsgebundene Leistungen. Das Regelleistungsvolumen und die qualifikationsgebundenen

Zusatzvolumina können **gegenseitig verrechnet** werden und bilden ein gemeinsames Honorarkontingent; sie stellen damit im Ergebnis einen **Zuschlag zum Fallwert** dar. Die Höhe der qualifikationsgebundenen Zusatzvolumina berechnet sich aus der Fallzahl des Regelleistungsvolumens multipliziert mit dem Fallwertzuschlag des jeweiligen Leistungsbereichs.

3. Abstaffelung

Übersteigt die Leistungserbringung des Arztes die durchschnittlichen Fallzahlen, findet die hierfür erfolgende Vergütung nur abgesenkt statt (sog. **Abstaffelung**). Entsprechende Regelungen können in einen Honorarverteilungsmaßstab aufgenommen werden; bspw.:

- Fallzahlen bis 150 Prozent der durchschnittlichen Fallzahl der Arztgruppe:
  100 Prozent des Fallwertes der Arztgruppe x Fallzahl des Arztes
- Fallzahlen von 150 bis 170 Prozent der durchschnittlichen Fallzahl der Arztgruppe:
  75 Prozent des Fallwertes der Arztgruppe x Fallzahl des Arztes

- Fallzahlen von 170 bis 200 Prozent der durchschnittlichen Fallzahl der Arztgruppe:

  50 Prozent des Fallwertes der Arztgruppe x Fallzahl des Arztes

- Fallzahlen über 200 Prozent der durchschnittlichen Fallzahl der Arztgruppe:

  25 Prozent des Fallwertes der Arztgruppe x Fallzahl des Arztes

4. Leistungen außerhalb des Regelleistungsvolumens

Für besonders förderungswürdigen Leistungen der Prävention (Impfungen, Früherkennungsuntersuchungen etc.) oder für ambulante Operationen erhält der Arzt ein gesondertes Honorar. Die Höhe dieses Honorar richtet sich in der Regel nach dem vollen Euro-EBM-Preis.

5. Honorarverteilungsmaßstab

Auf die einzelnen Vertragsärzte wird die Gesamtvergütung von der Kassenärztlichen Vereinigung aufgrund des Honorarverteilungsmaßstabs verteilt, § 87b Abs. 1 SGB V. Der Honorarverteilungsmaßstab wird von der

Kassenärztlichen Vereinigung im Benehmen mit den Landesverbänden der Krankenkassen festgelegt. Das Benehmen setzt außer der Information der Krankenkassen voraus, dass diese eine Stellungnahme abgegeben. Erhebliche Einwände oder Bedenken der Krankenkassen dürfen nicht achtlos übergehen. Bleiben unüberbrückbare Meinungsverschiedenheiten, ist der Wille der Kassenärztlichen Vereinigung ausschlaggebend. Es handelt sich um einen Normsetzungsvertrag in Form einer Satzung mit Bindung nicht nur der Vertragsparteien, sondern insbesondere auch der betroffenen Ärzte, vgl. § 84 Abs. 4 SGB V.

Im Ergebnis erhält aufgrund des Honorarverteilungsmaßstabs jeder Arzt einen **Anteil an der Gesamtvergütung**. Der Verteilungsmaßstab hat Regelungen vorzusehen, die verhindern, dass die Tätigkeit des Leistungserbringers über seinen Versorgungsauftrag nach § 95 Absatz 3 oder seinen Ermächtigungsumfang hinaus übermäßig ausgedehnt wird; dabei soll dem Leistungserbringer eine Kalkulationssicherheit hinsichtlich der Höhe seines zu erwartenden Honorars ermöglicht werden. Der Verteilungsmaßstab hat der kooperativen

Behandlung von Patienten in dafür gebildeten Versorgungsformen angemessen Rechnung zu tragen.

Der Honorarverteilungsmaßstab wird für den einzelnen Arzt im **Honorarbescheid** konkretisiert. Dieser Verwaltungsakt regelt den Honoraranspruch des Vertragsarztes und ist Anspruchsgrundlage für die Auszahlung seines Honorars gegenüber der Kassenärztlichen Vereinigung. Vor Erlass des Honorarbescheides braucht der Vertragszahnarzt nicht angehört zu werden, weil der Bescheid über die erstmalige Festsetzung des Honorars nicht im Sinne von § 24 Abs. 1 SGB X in seine Rechte eingreift. Einer Begründung bedarf der Bescheid im Hinblick auf § 35 Abs. 1 Satz 1 SGB X nur hinsichtlich der wesentlichen Faktoren, die für die Berechnung des Honorars wesentlich sind. Dazu gehört z.B. nicht die vollständige Wiedergabe aller Berechnungsgrundlagen, zumal dann nicht, wenn sie bereits zuvor den Vertragszahnärzten bekannt gegeben worden sind. Nach der Rechtsprechung des Bundessozialgerichts haben Honorarbescheide stets nur **vorläufigen Charakter**. Sie können deshalb ohne Rücksicht auf die Beschränkungen des § 45 SGB X rückwirkend **korrigiert** werden.[8]

Die Rechtmäßigkeit des Honorarverteilungsmaßstabs spielt im **gerichtlichen Verfahren** vor allem im Rahmen der Kontrolle eines konkreten **Honorarbescheid**s in Rolle.[9] Hierbei ist eine inzidente Prüfung durchzuführen. Klagebefugt ist der Vertragsarzt, als Adressat des Honorarbescheids richtet. Streitgegenstand ist jeweils der angefochtene Honorarbescheid. Honorarverteilungsmaßnahmen haben eine objektiv berufsregelnde Tendenz. Sie haben daher einen unmittelbaren Grundrechtsbezug, Art. 12 Abs. 1 GG, Art. 3 Abs. 1 GG. Die bereits bislang anerkannten Grundsätze der leistungsproportionalen Vergütung und der **Honorarverteilungsgerechtigkeit** sind daher auch für die Honorarverteilung nach § 87b SGB V maßgebend. Danach sind ärztliche Leistungen prinzipiell gleichmäßig zu vergüten.

---

[8] Siehe unten G.
[9] Siehe unten G.

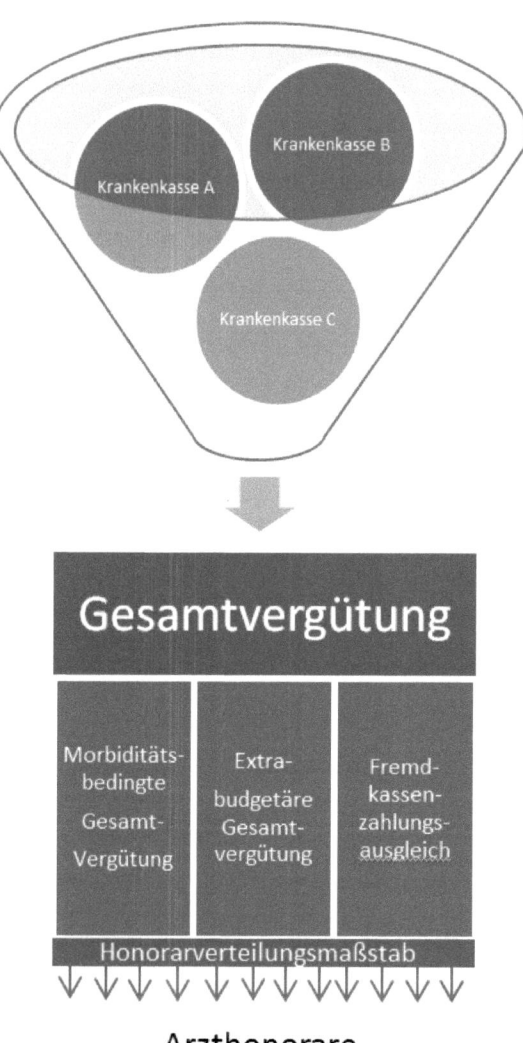

Arzthonorare

III. Honorarberichtigung

Nach § 75 Abs. 1 SGB V haben die Kassenärztlichen Vereinigungen die vertragsärztliche Versorgung sicher zu stellen und den Krankenkassen und ihren Verbänden gegenüber die Gewähr dafür zu übernehmen, dass die vertragsärztliche Versorgung den gesetzlichen und vertraglichen Erfordernissen entspricht. Nach § 75 Abs. 2 Satz 2 1. Halbsatz SGB V haben die Kassenärztlichen Vereinigungen die Erfüllung der den Vertragsärzten obliegenden Pflichten zu überwachen. Zu den Pflichten der Vertragsärzte gehört u. a. auch eine **ordnungsgemäße Abrechnung** der von ihnen erbrachten Leistungen. Die Kassenärztliche Vereinigung stellt die sachliche und rechnerische Richtigkeit der Abrechnungen der Vertragsärzte fest; dazu gehört auch die arztbezogene Prüfung der Abrechnungen auf Plausibilität sowie die Prüfung der abgerechneten Sachkosten (§ 106a Abs. 2 Satz 1 SGB V). Es obliegt deshalb nach § 45 des Bundesmantelvertrages-Ärzte (BMV-Ä) der Kassenärztlichen Vereinigung, die vom Vertragsarzt eingereichten Honoraranforderungen rechnerisch und gebührenordnungsmäßig zu prüfen und ggf. zu berichtigen.

Praktisch erfolgt die sachlich-rechnerisch Honorarprüfung **vor der Erteilung des Honorarbescheids**, in dem mittels Kontrollsoftware die elektronisch übermittelte ärztliche Abrechnung nicht berechnungsfähige Anteile enthält. Dies kann bspw. die mehrfache Abrechnung von Positionen sein, die pro Behandlungsfall nur einmal abrechnungsfähig sind, die für seine Fachrichtung fachfremd sind oder qualifikationsbezogene Leistungen abgerechnet werden, deren Voraussetzungen der Arzt nicht erfüllt. Diese Prüfung erfolgt weitgehend automatisiert. Gegen den Honorarbescheid, der dann ein geringeres Honorar vorsieht sind Widerspruch und **Verpflichtungsklage** statthaft.

Nach Erteilung des Honorarbescheids kann dieser auch nach dessen Bestandskraft noch korrigiert werden. Fristen, nach denen das Berichtigungsrecht der Kassenärztlichen Vereinigung erlischt, lassen sich den Richtlinien und Verträgen zur Abrechnungskontrolle gem. § 106a Abs. 3, 4 SGB V entnehmen. Gegen die nachträgliche Berichtigung sind Widerspruch und **Anfechtungsklage** statthaft.

Gem. § 85 Abs. 4 Satz 6 SGB V in Verbindung mit § 86a Abs. 2 Nr. 2 SGG haben Widerspruch und Klage gegen die Honorarberichtigung **keine aufschiebende Wirkung**.

IV. Wirtschaftlichkeitsprüfung

Im System der gesetzlichen Krankenversicherung nimmt der an der vertragsärztlichen Versorgung teilnehmende Arzt - Vertragsarzt - die Stellung eines Leistungserbringers ein. Er versorgt die Mitglieder der Krankenkassen mit ärztlichen Behandlungsleistungen, unterfällt damit auch und gerade dem Gebot, sämtliche Leistungen im Rahmen des Wirtschaftlichen zu erbringen. Leistungen, die für die Erzielung des Heilerfolges nicht notwendig oder unwirtschaftlich sind, darf er gem. § 12 Abs. 1 SGB V nicht erbringen (**Wirtschaftlichkeitsprinzip**[10]).

Gegenstand der Beurteilung der Wirtschaftlichkeit in den Zufälligkeitsprüfungen sind gem. § 106a Abs. 2 SGB V

- die medizinische Notwendigkeit der Leistungen (Indikation),
- die Eignung der Leistungen zur Erreichung des therapeutischen oder diagnostischen Ziels (Effektivität),

---

[10] Siehe oben C II.

- die Übereinstimmung der Leistungen mit den anerkannten Kriterien für ihre fachgerechte Erbringung (Qualität), insbesondere mit den in den Richtlinien des Gemeinsamen Bundesausschusses enthaltenen Vorgaben,
- die Angemessenheit der durch die Leistungen verursachten Kosten im Hinblick auf das Behandlungsziel,
- bei Leistungen des Zahnersatzes und der Kieferorthopädie auch die Vereinbarkeit der Leistungen mit dem Heil- und Kostenplan.

Zuständig für die Wirtschaftlichkeitsprüfung ist zunächst die **gemeinsame Prüfstelle**, die gem. § 106c Abs. 1 SGB V von den Landesverbänden der Krankenkassen und Ersatzkassen sowie der Kassenärztlichen Vereinigung gebildet wird. Die Prüfungsstelle wird bei der Kassenärztlichen Vereinigung, einem Landesverband der Krankenkassen oder bei einer bereits bestehenden Arbeitsgemeinschaft im Land errichtet. Gegen die Entscheidungen der Prüfungsstelle können die betroffenen Ärzte und ärztlich geleiteten Einrichtungen, die Krankenkassen, die betroffenen Landesverbände der

Krankenkassen sowie die Kassenärztlichen Vereinigungen die **Beschwerdeausschüsse** anrufen, § 106c Abs. 3 SGB V. Die Anrufung hat **aufschiebende Wirkung**. Für das Verfahren sind § 84 Abs. 1 und § 85 Abs. 3 SGG anzuwenden. Das Verfahren vor dem Beschwerdeausschuss gilt als Vorverfahren im Sinne des § 78 des Sozialgerichtsgesetzes.

Rechtsgrundlage für **Honorarkürzungen** wegen unwirtschaftlicher Behandlungsweise ist § 106 Abs. 2 Satz 4 SGB V i.V.m. der Prüfvereinbarung (PV) gemäß § 106 Abs. 3 SGB V. Danach wird die Wirtschaftlichkeit der Versorgung durch arztbezogene Prüfungen ärztlicher und ärztlich verordneter Leistungen nach Durchschnittswerten beurteilt. Nach den hierzu von der Rechtsprechung entwickelten Grundsätzen ist die **statistische Vergleichsprüfung** die Regelprüfmethode. Die Abrechnungs- bzw. Verordnungswerte des Arztes werden mit denjenigen seiner Fachgruppe - bzw. mit denen einer nach verfeinerten Kriterien gebildeten engeren Vergleichsgruppe - im selben Quartal verglichen. Ergänzt durch die sog. intellektuelle Betrachtung, bei der medizinisch-ärztliche Gesichtspunkte berücksichtigt werden, ist dies die Methode, die typischerweise die umfassendsten Erkenntnisse bringt. Ergibt die Prüfung, dass der Behandlungsaufwand des Arztes je Fall bei dem Gesamtfallwert, bei Sparten- oder bei Einzelleistungswerten in einem **offensichtlichen Missverhältnis zum durchschnittlichen Aufwand** der Vergleichsgruppe steht, d. h., ihn in einem Ausmaß überschreitet, das sich im Regelfall nicht mehr durch Unterschiede in der Praxisstruktur oder in den Behandlungsnotwendigkeiten erklären lässt, hat das die Wirkung eines Anscheinsbeweises der Unwirtschaftlichkeit (BSG, Urteil vom 16. Juli 2003, B 6 KA 45/02).

Von welchem Grenzwert an ein offensichtliches Missverhältnis anzunehmen ist, entzieht sich einer allgemein verbindlichen Festlegung (BSG, Urteil vom 15. März 1995, 6 RKa 37/93). Nach der Rechtsprechung des BSG liegt zwischen dem Bereich der normalen Streuung, der Überschreitungen um bis zu ca. 20 % erfasst, und der Grenze zum sog. offensichtlichen Missverhältnis der Bereich der Übergangszone. Die Grenze zum sog. offensichtlichen Missverhältnis hat das BSG früher bei einer Überschreitung um ca. 50 % angenommen. Seit längerem hat es - unter bestimmten Voraussetzungen - auch niedrigere Werte um ca. 40 % ausreichen lassen. Die Prüfgremien haben einen Beurteilungsspielraum, die Grenze zum offensichtlichen Missverhältnis höher oder niedriger festzulegen. Als **Praxisbesonderheiten** des geprüften Arztes kommen nur solche Umstände in Betracht, die sich auf das Behandlungs- oder Verordnungsverhalten des Arztes auswirken und in den Praxen der Vergleichsgruppe typischerweise nicht oder nicht in derselben Häufigkeit anzutreffen sind. Für die Anerkennung einer Praxisbesonderheit ist es deshalb nicht ausreichend, dass bestimmte Leistungen in der Praxis eines Arztes erbracht werden. Vielmehr muss substantiiert dargetan werden, inwiefern sich die Praxis gerade in Bezug auf diese Merkmale von den anderen Praxen der Fachgruppe unterscheidet (BSG, Urteil vom 21. Juni 1995, 6 RKa 35/94). Die betroffene Praxis muss sich nach der Zusammensetzung der Patienten und hinsichtlich der schwerpunktmäßig zu behandelnden Gesundheitsstörungen vom typischen Zuschnitt einer Praxis der Vergleichsgruppe unterscheiden, und diese Abweichung muss sich gerade auf die überdurchschnittlich häufig erbrachten Leistungen auswirken (BSG, Urteil vom

23. Februar 2005, B 6 KA 79/03 R). Ein bestimmter Patientenzuschnitt kann z. B. durch eine spezifische Qualifikation des Arztes, etwa aufgrund einer Zusatzbezeichnung bedingt sein kann (vgl. BSG, Urteil vom 6. September 2000, B 6 KA 24/99 R). Es muss sich um Besonderheiten bei der Patientenversorgung handeln, die vom Durchschnitt der Arztgruppe signifikant abweichen und die sich aus einem spezifischen Zuschnitt der Patientenschaft des geprüften Arztes ergeben, der im Regelfall in Wechselbeziehung zu einer besonderen Qualifikation des Arztes steht. Ein Tätigkeitsschwerpunkt allein stellt nicht schon eine Praxisbesonderheit dar (BSG, Urteil vom 6. Mai 2009, B 6 KA 17/08 R).

Neben die Auffälligkeitsprüfung treten zudem die Einzelfallprüfung und die Zufälligkeitsprüfung. Die **Einzelfallprüfung** geht als „strenge Einzelfallprüfung" vom Gesundheitszustand eines einzelnen Patienten aus und rekonstruiert anhand der ärztlichen Dokumentation den Behandlungsverlauf, der sodann auf seine Wirtschaftlichkeit überprüft wird. Praktisch relevant ist vor allem die repräsentative Einzelfallprüfung mit anschließender Hochrechnung. Hier wird anhand von (einigen) Einzelfällen das typische Behandlungsmuster des Arztes untersucht. Da die Ergebnisse statistisch selten valide sind, ist einer statistischen Vergleichsprüfung jedoch der Vorrang zu geben. Des Weiteren kommt eine **Zufälligkeitsprüfung** gem. § 106a Abs. 1 Satz 1 SGB V in Betracht.

Als Rechtsfolge der Wirtschaftlichkeitsprüfung ist die Höhe des **unwirtschaftlichen Mehraufwands** festzustellen. Als unwirtschaftlich ist alles anzusehen, was über dem Durchschnittsaufwand zzgl. einer statistischen Streubreite liegt, d.h. über einer Überschreitungsmenge von 120%. Der gesamte Aufwand, der sich innerhalb der sog. Übergangszone bewegt, also im Bereich ab 120% liegt – und nicht nur der Betrag ab der Grenze zum offensichtlichen Missverhältnis –, kann als unwirtschaftlich angesehen werden. Die sich hieraus ergebende Kürzung kann nur so weit gehen, wie Unwirtschaftlichkeit vorliegt. Insofern stellt die Feststellung, in welchem Umfang diese vorliegt, auf dem Weg zur Berechnung des Regresses einen Zwischenschritt dar, der die maximal drohende Honorarkürzung beschreibt. Im Wege der **Ermessen**sausübung hat das Prüfgremium die Höhe des

Regresses festzulegen. Hinsichtlich des Auswahlermessens, also der Höhe der Honorarkürzung, ist ein weiter Ermessensspielraum anzunehmen. Das **Prüfergebnis** ist abschließend als konkreter Euro-Betrag oder als Prozentsatz im Falle einer prozentualen Kürzung zu formulieren.

Eine Besonderheit stellt die **Schadensersatzpflicht** gem. § 106a Abs. 5 SGB V bei **unberechtigter Bescheinigung von Arbeitsunfähigkeit** dar.

Gegenstand des **gerichtlichen Verfahren**s ist nur der Bescheid des Beschwerdeausschusses, nicht auch der der Prüfungsstelle. In Verfahren der Wirtschaftlichkeitsprüfung beschränkt sich die gerichtliche Kontrolle auf die das Verwaltungsverfahren abschließende Entscheidung des **Beschwerdeausschuss**es. Dieser wird mit seiner Anrufung für das weitere Prüfverfahren ausschließlich und endgültig zuständig. Sein Bescheid ersetzt den ursprünglichen Verwaltungsakt der Prüfungsstelle, der abweichend von § 95 SGG im Fall der Klageerhebung nicht Gegenstand des Gerichtsverfahrens wird. Der Beschwerdeausschuss ist **Beklagter** im Sozialgerichtsprozess. Bei Verfahren der

Wirtschaftlichkeitsprüfung sind die Kassenärztliche Vereinigung und Krankenkassen bzw. ihre Landesverbände gem. § 75 Abs. 2 SGG **notwendig beizuladen**. Statthaft ist die Anfechtungsklage. Die gerichtliche Kontrolldichte ist wegen des Beurteilungs- und Ermessensspielraums der Prüfgremien beschränkt. Die Klage gegen eine vom Beschwerdeausschuss festgesetzte Maßnahme hat **keine aufschiebende Wirkung**.

G. Das vertragsärztliche Sanktionssystem

Aus dem Sicherstellungsauftrag des § 75 Abs. 2 Satz 2 SGB V erwächst die Pflicht der Kassenärztlichen Vereinigung zur Überwachung und die Vertragsärzte. § 81 Abs. 5 Satz 1 SGB V stellt einen **Katalog von Maßnahmen** zur Verfügung, Pflichtverletzung der Vertragsärzte zu sanktionieren. Voraussetzungen und Verfahren der Sanktionierung sind in der Satzung zu regeln. Zuständig ist der **Disziplinarausschuss**. Er erlässt die Sanktion in Form eines Verwaltungsakts nach pflichtgemäßem Ermessen.

Tatbestandlich muss die verletzte Pflicht eine solche aus dem Vertragsarztrecht sein, um den Sanktionen des § 81 Abs. 5 SGB V zu unterliegen. Rechtsfolge ist eine Disziplinarmaßnahme gem. § 81 Abs. 5 Satz 2 SGB V: Die Verwarnung, der Verweis, die Geldbuße oder die Anordnung des Ruhens der Zulassung bis zu zwei Jahren. Die möglichen Maßnahmen sind dabei abschließend aufgezählt. Die Auswahl der Maßnahme hat unter

Beachtung des Verhältnismäßigkeitsgrundsatzes je nach der Schwere der Verfehlung zu erfolgen.

Klagen von Ärzten, gegen Entscheidungen des Disziplinarausschusses sind nicht gegen diesen, sondern gegen die Kassenärztliche Vereinigung als seinen Rechtsträger zu richten. Die Entscheidungen über Disziplinarmaßnahmen sind **ohne Durchführung eines Vorverfahrens** anfechtbar, § 81 Abs. 5 Satz 4 SGB V.

Literaturverzeichnis

- *Janda*, Medizinrecht, 2016.

- *Kremer/Wittmann*, Vertragsärztliche Zulassungsverfahren, 2017,

- *Schnapp/Wigge*, Handbuch des Vertragsarztrechts: Das gesamte Kassenarztrecht, 2017,

- *Wenner*, Das Vertragsarztrecht nach der Gesundheitsreform, 2008.

Vom selben Autor

Handbuch zur Künstlersozialversicherung
ISBN: 978-3744832915

Die Abgabepflicht nach dem Künstlersozialversicherungsgesetz (KSVG) kann für Unternehmen öfter und schneller greifen, als sich der Betroffene dies bewusst macht. Insbesondere die zunehmende Digitalisierung von Inhalten und die Selbstverständlichkeit von Webpräsenzen führen zu einer erheblichen Unsicherheit. Die Folgen einer Fehleinschätzung können erheblich sein.
Wichtig ist es daher, dass Unternehmen folgende Fragen klären:
- Ist mein Unternehmen abgabepflichtig (= Verwerter)?
- Ggf. welche Pflichten treffen mich dadurch?
- Wie läuft das Verwaltungsverfahren ab?
- Welche Kosten kommen auf mein Unternehmen zu?
Diese Fragen sollen im Fokus dieses Werks stehen und den anwaltlichen Berater oder eine Rechtsabteilung bei ihrer Tätigkeit gegenüber dem Unternehmen unterstützen!

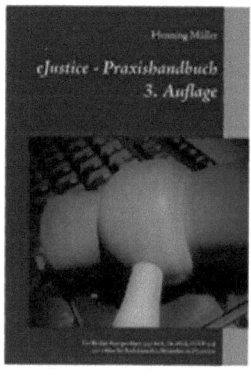

eJustice-Praxishandbuch
ISBN: 978-3746082080

3. Auflage des beliebten eJustice-Praxishandbuchs unter Berücksichtigung der Rechtslage seit 1. Januar 2018, der ergangenen Rechtsprechung bis Dezember 2017, der aktuellen Verordnungen - insbesondere der ERVV 2018, und der Folgen des Ausfalls des besonderen elektronischen Anwaltspostfachs (beA) zum Jahreswechsel 2017/2018.
Dieses Handbuch aus der Praxis für die Praxis soll Rechtsanwälte, Behörden und Gerichte auf Fallstricke im eJustice-Prozess hinweisen, praktische Beispiele, Tipps und Checklisten liefern, um die veränderte Kommunikation fehler- und haftungsfrei zu meistern und den Blick schärfen, um die Grundlagen der neuen Techniken zu verstehen - ohne dabei ein Techniker sein zu müssen - das neue Prozessrecht zu beherrschen und die eigene Organisation hierauf anzupassen. Grundlage hierfür sind die bereits gesammelten praktischen Erfahrungen des Autors mit dem elektronischen Rechtsverkehr via EGVP und beA, sowie mit elektronischen (Doppel-)Akten.

Index

A

B

C

D

E

G

H

K